做最好的导购

ZUO ZUIHAODE DAOGOU

记述一个专业导购十年的销售心经

李昊轩 ● 著

中国商业出版社

图书在版编目（CIP）数据

做最好的导购 / 李昊轩著．—北京：中国商业出版社，2013.4
ISBN 978－7－5044－8013－2

Ⅰ.①做…　Ⅱ.①李…　Ⅲ.①销售－方法
Ⅳ.①F713.3

中国版本图书馆 CIP 数据核字（2013）第 037907 号

责任编辑：张振学

中国商业出版社出版发行
010－63180647　www.c－cbook.com
（100053　北京广安门内报国寺 1 号）
新华书店总店北京发行所经销
香河县宏润印刷有限公司

*

710×1000 毫米　16 开　16 印张　240 千字
2013 年 4 月第 1 版　2013 年 4 月第 1 次印刷
定价：32.00 元

＊＊＊＊

（如有印装质量问题可更换）

心有多大舞台就有多大

导购人员连接着产品与顾客，是战斗在第一线的销售精英。商业活动本身就是一种买卖关系，导购人员无疑扮演了执行者的角色。但是，他们不仅仅是交易员，还扮演着市场情报员、企业形象大使、产品趋势顾问等角色。一个导购员的舞台有多大，完全取决于他的心胸有多广。

从字面上来看，“导购”包含了“导”和“购”两个过程，也就是“引导”和“购买”。导购人员的工作核心就是导购，帮助顾客选择，实现顾客在该店的购买目的。在愈演愈烈的终端销售战中，导购人员对于整个行业竞争的重要性是不言而喻的。

◎导购人员是形象代言人：导购人员面对面地直接与顾客进行沟通，其一举一动、一言一行在顾客的眼中就代表着品牌的形象。一个飞机场旁边的大型路牌不如在商超门前的一个小路牌；商超门前的一个小路牌不如通往终端店路上的几个指引牌；路上的几个指引牌不如个性鲜明的终端形象；个性鲜明的终端形象不如一个具有感召力的强势大品牌；强势大品牌不如一个成交率高的好导购。导购人员的形象塑造功能，怎么强调都不过分。

◎导购人员是沟通大师：导购人员是品牌与顾客之间的桥梁，一方面把品牌的信息传递给顾客，另一方面将顾客的意见、建议和希望等信息传达给企业，以便更好地服务于顾客。商品的质量很重要，但是导购人员的服务更加重要，因为商品不能和顾客进行交流，只有导购人员与顾客之间建立良好的沟通关系，把企业的信息完整传递出去才能达成交易。

◎导购人员是服务大使：导购人员在充分了解自己所销售的产品的特征、使用方法、服务、品牌价值的基础上，适时地为顾客提供最好的服务、建议和帮助，以优良的服务来征服顾客，压倒竞争对手，而那些潜在的顾客就是在导购人员的热情和微笑中产生的。

一个不争的事实是，企业无论打多少广告，最终临门一脚还是要靠导购人员的真功夫，一名优秀的导购人员和一名不合格的导购人员相比，其销售业绩迥然不同，少则几倍，多则几十倍。因此，一个好导购胜过一个强势的大品牌，优秀导购成了今天所有商家争抢的对象。

在商场中，当顾客表情漠然毫无反应时，当顾客对产品心存疑虑、对价格存在异议时，当顾客总是挑剔你的产品，拿你的产品和其他品牌相比较时，导购人员应该怎么说、怎么做、这里面大有学问，也包含着无尽的智慧。

首先，在职业定位上，导购人员不能仅仅把自己看做是卖东西的，而应该扮演好世界上最伟大推销员的角色。其次，在具体工作中，导购人员要掌握漂亮的销售技能，通过三言两语能左右顾客的购买意愿，引导他们顺利下单。再次，遇到促销难题时，导购人员要善于察微知著，从而找到破解僵局的门径。诸如此类，导购的销售智慧可以说是无穷无尽的，最重要的是，我们必须静下心来踏实肯干，边学边悟，逐步从一个导购菜鸟成长为销售精英。

本书就一名优秀的导购人员应该具备的技能，以及如何成为一名优秀的导购人员做了详细的讲解与建议，希望能够为广大的导购人员提供一些帮助，从而在实践中灵活运用，成为商场上左右逢源、屡创佳绩的销售大师。

做最好的导购 目录 Contents

第一章　你就是产品的形象大使
——设计成功的职业形象

第二章　不是会卖东西就是导购
——训练合格的导购素养

第三章　顾客最关心的永远是自己
——谙熟顾客的购买心理

第四章　好的开场等于成交了一半
——掌握漂亮的销售语言

第五章　透过蛛丝马迹见机行事
——积累丰富的察微技巧

第八章 扮演好“救火队长”的角色
——善于化解顾客的异议

第九章 在与顾客的博弈中成交
——完成最终的赢单目标

第十章 最好的服务成就永久的生意
——提供完美的售后服务

第一章 你就是产品的形象大使
——设计成功的职业形象

导购人员是产品的代表。能够给顾客留下一个好的印象，自然能吸引顾客关注你的产品。注重接待顾客的基本礼仪，设计出色的个人形象，都能起到既宣传自己，又宣传产品的巨大作用。

1. 留下良好的第一印象

顾客前来购买商品，首先要与导购人员打交道。这时候，导购人员在某种程度上就代表了产品的形象。导购形象好，会给商品加分，反之就会给商品减分，影响到销量。在引导顾客购买的过程中，工作人员必须像演员一样吸引顾客的注意力，增加顾客的好感，让顾客在内心深处认同你。通常，导购人员给顾客留下良好的第一印象，就成功了一半。

那些不注重导购形象的工作人员，忽视个人语言、形象等方面的修饰，在服务态度上也难以令人满意，结果这种不良的印象影响到顾客的购物体验，甚至产生了消极情绪，必然对促销产生负面效应。可以说，这不仅是导购人员工作的失败，也是企业用人的失败。

因此，导购工作不是买卖商品那么简单，尤其是在今天零售市场竞争日趋激烈的时代，出色的导购人员能够把商品与个人形象融为一体，极力促成顾客购买，创造令人惊艳的销售奇迹。给顾客留下良好的印象，导购人员要认真做好下面这些功课。

（1）服饰要整洁、大方

导购人员代表着企业和产品的形象，如果穿着奇装异服上班，除了让顾客觉得你对待工作不认真之外，还会觉得商品所属的企业也很随便，不值得信赖。因此，导购人员要有一套整洁美观、大方得体的着装，给顾客留下良好的第一印象。

通常，这种着装不单单表现了导购良好的个人精神面貌，也代表着整个企业的品位与素质。具体来说，服装的款式设计不要太呆板，颜色不能太暗淡，否则会让顾客觉得心情压抑，也会给人冷淡、傲慢、造作的感觉，影响顾客心情愉悦地购物。

（2）推销要专业，真诚

顾客很在乎自己是否真正受到了重视，有没有得到很好的服务，因此导购在向顾客介绍商品的时候，一定要集中注意力，不能左顾右盼。有的导购跟这个顾客正在说话，却对身边经过的另一个顾客搭讪，好像不愿意“错过”每一位前来购物的人，这很容易让眼前的顾客感觉到你缺乏诚意。

此外，在上岗之前，导购人员要对商品有全方面的了解，在顾客提出有关商品的问题时能迅速给出专业的回答，让顾客感受到你专业的服务。这种良好的服务会让顾客久久不能忘怀，下一次购物还会主动找上门来。

李静做导购工作已经有三个月时间了，但是到现在还没能独立完成一份推销工作，这让她感觉很失落。那么，问题出在哪里了呢？

这天上午9点半，一名顾客走进来了，李静马上迎上去，并主动打招呼。这让顾客很满意，开心地接受了李静的引导。但是，过了5分钟，又陆续进来几个顾客，李静担心眼前这位客人最后不会购买，又担心后来进来的顾客被别的导购抢走，或者因为没人接待走掉，于是在给前面的客人介绍产品的时候，就有点心不在焉了，眼睛不时地瞟向其他顾客。

这让先进来的顾客有点难堪，更让人无法接受的是，顾客针对一个问题问了几遍，李静还是不能解释清楚。最后，顾客一气之下离开了。

实际上，导购工作非常考验人，需要工作人员既要反应机敏，又要表现出诚心诚意。李静不够真诚，在专业服务上也让顾客失望了，才丢掉了这笔生意。

（3）态度要自信

身为导购人员，要对自己的工作有信心。有了自信，才能把最好的一面展现在顾客面前，不管面对什么阶层的顾客，都能拿出最自信和果断地态度，为顾客服务。这样做是在告诉顾客："我对产品是很有信心的，我相信你会很满意。"

需要注意的是，导购人员不要自信过头，表现出自负的一面。因为这会适得其反，让顾客误以为你看不起他（她）。总的原则是，只要能够把积极正面的情绪传染给顾客，引发他对产品的兴趣即可。

（4）关心顾客的需要

有大量的回头客，对商家来说是求之不得的事情。回头客的产生，很大程度上来自于导购人员的专业服务。顾客能够从你这里获得满意的服务，并且基本需求得到满足，自然会把你发展成长期伙伴关系。

导购人员需要牢记一点，顾客的需要是个性化的，并且处在不断变化中，把握顾客的独特需求是制胜的关键。能够随着顾客的需求变化而变化，那么自然容易赢得长期买卖，实现细水长流的目标。

总之，导购给顾客留下一个好的印象至关重要。在这里，良好的第一印象是全方位的，从导购的外在形象到优质服务、推销话术、专业精神等，都会投射到顾客的心里，对你做出或高或低的评价。

【金牌导购战术】

切忌在初次见面时就直入主题，谈生意谈业务，否则会给顾客留下急功近利的印象。从情感入手，从关心问候入题，有助于导购人员消除顾客的心防，建立起利益关系。

2. 着装细节展示职业美感

服饰是一种艺术，着装得当能够掩饰人在体型上的不足，巧妙地营造出理想身材。职业服装也是如此，搭配巧妙能带给顾客美的感受，凸显你的职业形象，有利于交易达成。

在顾客眼里，导购人员与产品、企业形象是融为一体的，因此导购着装的细节不仅能体现导购的职业气质，还代表着企业文化与产品形象。导购在着装细节上下足功夫，能使顾客心情愉悦，愿意接受你的服务。

工作中，导购可以穿统一的制服，但不适合佩戴首饰。因为制服表示导购正在工作，代表了一种传统和保守的形象，是不需要刻意地装饰的。一名导购人员穿着制服工作，不仅显得专业，而且看起来还很精神，但是披金戴银的首饰就会把制服的风采冲淡，不能显示出导购穿制服的优势。

除了统一的制服，导购还可以穿戴合适的正装。与制服一样，正装也不适宜佩戴工艺饰品。所谓工艺饰品就是指那些经过精心设计、精心制作，具有高度的技巧性和艺术性，在造型、花色和外观上都别具一格的饰品。一般来说，工艺品多适合人们在社交应酬的场合佩戴，这样才能突出佩戴者的鲜明个性。

然而，正装的基本风格是追求和其他工作人员的共性，因此不强调个性特点。因此，导购在身着正装的时候通常是不可佩戴工艺品，尤其是那些比较另类的工艺品，比如骷髅、刀剑等，否则会严重影响顾客的感观。

当然，也有需要导购佩戴饰物的时候，其总的原则是得体、大方，力求少而精。如果实在不能避免要同时佩戴两种饰品的话，千万不能随意将饰品“披挂”在身上，要尽力使两件饰品看起来协调，相互统一，不影响美观，不妨碍顾客的审美。虽然佩戴首饰和配饰是一个小小的细节，但是却能凸显一名导购人员在细节处的认真态度。注意这样的细节，不仅能给顾客留下一个好的印象，而且也能显示导购尽职的姿态。

除了饰品之外，导购在工作中最常和服装搭配的就是身份牌了。导购在工作期间挂身份牌，是向顾客表明自己的身份，特别是在没有穿制服的时候，这样能够方便顾客向导购寻求帮助。

而导购所佩戴的身份牌，应由其所在单位统一负责订制、下发，而不应由营业员自己动手制作。身份牌的具体内容，一般应包括部门、职务、姓名等三项。必要时，还可贴上本人照片，以供服务对象“验明正身”。

而身份牌的位置也是很有讲究的，有三种方法可供参考，一是将其别在左侧胸前，二是将其挂在自己胸前，三是将其挂绳挂在本人颈上，然后将身份牌夹在左侧上衣兜上。

除此三种做法，如果不是公司有特别的规定，导购不能将身份牌乱戴在其它地方。比如，随意把它别在帽子上、领子上、裤子上，或是将其套在手腕上，都是不允许的。另外，将其戴得歪歪扭扭，也是不符合导购职业性的要求的。

需要注意的是，身份牌是身份的象征，导购在工作岗位上的时候，它是导购个人形象的重要组成部分之一，和导购人员的着装是一体的。所以，如果导购在工作中佩戴身份牌，一定要认真爱护，保证身份牌的完好无损。如果出现破损、污染、折断、掉角、掉字或涂改的情况，应及时更换。

以上提到的这些着装的小细节，虽然看似和导购人员的工作没有什么大关系，但是由于导购人员的形象代表了企业的形象，很大程度上还代表了产品的形象，所以必须关注到任何细小的环节，绝不出纰漏，给顾客留下最佳的第一印象。

【金牌导购战术】

工作中，导购要把最专业、最敬业的一面展现给顾客，顾客才情愿在你的引导下购物。而对于初次见面的导购人员和顾客，除了交际态度外，着装就是第二个展现自己的牌子，注重着装的细节能帮你塑造良好的导购形象。

3. 加强日常礼仪修养

良好的形象对于导购人员来说十分重要，它是获取顾客好感的重要基础。为了顺利把产品推销出去，导购人员除了要在专业知识、着装等方面下足功夫，还要在平时注重礼仪修养，从而为顾客提供周到的服务，促成交易的完成。

在提升个人魅力方面，礼仪、礼节是必不可少的。个人礼仪的修养，能使导购人员由内而外折射出亲和力和感召力，是导购人员事业成功的重要条件之一。日常工作中，导购人员时时处处体现出良好的礼仪修养，点点滴滴透露出君子风度，会极大地提升个人魅力，给顾客留下良好的印象，也让顾客为你停下脚步，倾听你的专业介绍。

作为一名优秀的导购人员，在实现整洁着装的基础上，要时刻注重礼仪修养，博得顾客的好感。导购人员的行为举止要做到彬彬有礼，要能遵守一般的进退礼节，举止有度，尽量避免一些不礼貌或者不文明的言辞，让顾客误解你是一个修养不够的人。

另外，导购人员要能做到清楚流利地介绍产品，这对导购人员是基本的要求，在和顾客交谈的时候，态度一定要热情诚恳，措辞要准确到位，不能含含糊糊、吞吞吐吐，因为谈吐不清会让顾客感觉你对自己推销的产品是不熟悉的，会担心自己上当受骗。

除了会正确表达，导购人员还要学会倾听才行，虽然说导购人员是要能够说服顾客购买产品，但是在导购过程中也要“三分说，七分听”才行，要让顾客充分发表自己的意见，抓住顾客的需要，从而“对症下药”。

小王在一家服装店做导购工作，他是一个很健谈的导购人员，通常能够和顾客聊上很长时间，因此有的顾客虽然开始没有买衣服的打算，但是最后都能被小王说服。

这一天，有一位三十多岁的白领女士来到店里。刚进店，这位女士就明确表明自己想要什么样的衣服，这样小王就更加清楚应该向她推荐一些什么。接着，小王把可能合适的服装都拿给了这位女士，然后就开始滔滔不绝地介绍起来。

这位女士起初还是很有耐心的，听着小王一一介绍，但是由于赶时间，所以她想在最短的时间里挑选出最合适的衣服。她不想等小王把所有衣服的优缺点都介绍完再做决定，可是她几次想要表达自己的看法和要求的时候，都被口若悬河的小王打断了。

无奈，这位女士已经显然没有耐心听小王讲下去，向小王表示歉意后就离开了。

可见，导购人员只有好的口才还是不够的，要尊重顾客的要求，在日常礼仪修养上下工夫，不能只顾着自己的感受，全然不顾顾客的感受。要始终以顾客为中心，让顾客多说，多提问，这样顾客购买的可能性才会更大。

在导购工作中，还有一些基本礼仪是需要注意的。比如，顾客进门的时候要热情地和顾客打招呼，熟练掌握“您好”、“请”、“欢迎”、“再见”等礼貌用语，展现出自己良好的修养，不说自己行业里的行业忌语。

在和顾客交谈过程中，要使用普通话，最重要的是让顾客听明白你的介绍，容易接受你的表达，尽量用通俗易懂的词语，少用晦涩难懂的专业术语。由于各地、各个民族甚至各人都有自己的禁忌，所以在和顾客接触中，导购人员要注意到这一点。

【金牌导购战术】

俗话说，良好的开端是成功的开始，导购人员注重自己的日常礼仪修养就能留给顾客一个良好的印象，为自己的销售工作打开一个良好的开局。

4. 形体动作是无声的语言

导购人员在工作中除了使用有声的语言向顾客介绍产品外，还可以运用形体语言这一无声的语言。

导购人员的一抬手一投足，甚至是一颦一笑等，都在向顾客传递着各种不同的信息，这种无声的语言能在很大程度上反映出一个人的素质，以及获取他人信任的能力。优秀的导购人员在工作中善于运用这类语言，推进销售工作的开展。

从根本上说，形体语言是内心意识的反应，有时候甚至是下意识的表现。因此，顾客可看在眼里，会形成不同的判断。下面，我们通过一个小故事来看看形体语言到底有多么微妙。

一个人走进酒店要了酒菜，吃完摸摸口袋发现忘带钱了，便对老板说：“店家，是这样的，我今天忘记带钱了，改天再送过来可以吗？”

老板连声说：“不碍事，不碍事，改天也一样的。”并且恭敬地把这位客人送出了门。

恰好这个过程被一个无赖看到了，他也走进饭店要了酒菜，吃完之后摸了一下口袋对店老板说：“店家，我忘记带钱了，改天再送过来吧！”

谁知店老板听到后脸色一变，揪住他，非剥他的衣服不可。无赖不服，说：“刚才那个人可以记账，为什么我就不行？”

店家说：“人家吃饭的时候，筷子是慢慢地在盘子里加菜，喝酒是一盅盅地倒的，斯斯文文，吃完了之后还掏出手绢擦嘴，一看就知道是一位有德行、有修养的人，怎么会赖我几个酒钱呢？而你，筷子是在胸前衣服上随便擦擦，狼吞虎咽地吃，吃得过瘾还把脚踏上了旁边的凳子，端起酒壶直接灌酒，吃完了还用自己的袖子擦嘴。一看就知道是居无定所、食无定餐的无赖之徒，我怎么能饶了你！”

这一席话，说得无赖哑口无言，只好把自己的外衣留下，狼狈地逃跑了。

可见，一个人的行为举止能给人愉悦或憎恶的体验，进而影响到你与他人的交往。对导购人员来说，得体的身体动作能表现优雅、礼貌的一面，在获得顾客认同的同时，也会增加他们对产品的信任。反之，如果导购人员的身体动作让顾客讨厌，那么他们势必没有心思听你陈述产品信息，也就不会激发起购买的欲望了。

具体来说，肢体语言包括手势、体姿等，能向顾客传达特定的意思。在日常工作中，导购人员要时刻提醒自己注意这些无声的语言，增加个人亲和力，提升顾客的认知度。

（1）表情语言

表情能从面部表现出思想形态，是一种无声的语言。在面部表情里，眼睛和眼神最能够表达出语言的暗示性和美感。眼睛能够表达更多的无声语言，输出浓缩集中的信息，表现出一个人的喜怒哀乐。

导购人员在工作中要注意和顾客进行眼神交流，把自己的感受通过眼神传递给顾客。同时，目光始终保持和顾客的交流也是一种尊重顾客的体现，不会让顾客有被怠慢的感觉。

（2）手势语言

除了眼神，手势也能表达人的思想感情。有的时候，有些导购人员习惯把手插进裤袋里或者交叉在胸前，更有甚者，在顾客面前梳理头发，触摸自己的耳鼻、剔指甲等，这些动作都是十分不雅、无礼的手势。

因此，作为导购人员要根据工作的需要，训练一套优雅美观的手势，带给顾客美的享受，促进交易。

（3）体态语言

所谓体态语言，就是利用身体姿态的变化表达意思的一种交流方式，基本的体态就是站姿、走姿和坐姿。

导购人员应该时刻牢记自己的工作角色，在接待顾客的时候要时刻保持站立姿势，脚跟合拢，脚尖自然分开成30度角，两手交叉放在腹前，挺胸收腹，目光平视。严禁双手叉腰，双臂抱于胸前或者对着顾客打哈欠、伸懒腰。

导购行走的时候应该抬头挺胸，双臂自然摆动，双眼平视前方，面带笑容，充满活力，带着自信向上的神态。切记不能左顾右盼，四处张望或盯着顾客上下打量，以免给顾客不尊重的印象。

虽然在导购工作中，导购人员很少坐下来，但是一旦有需要，也要保持良好的坐姿，腰挺直，直视顾客，不能随便地就翘起二郎腿。

【金牌导购战术】

导购人员注重自己在体态上的表现，关注形体语言这一无声的语言，时刻注意留给顾客最好的第一印象。形体动作到位、准确，能帮助导购人员顺利完成交易。

5. 保持优雅的服务姿势

除非顾客在进店之前就已经决定了购买哪些产品，或者顾客本人非常有主见，一般情况下，挑选产品是一个漫长的过程，需要导购人员从一开始就保持足够的耐心，给予充分的讲解和指导。

在整个服务过程中，导购人员要始终保持优雅的服务姿势，以免因为自己的怠慢失去顾客。请牢记，顾客在挑选产品的时候，虽然把注意力都集中在产品上，但是也会时刻在意你的服务姿态，希望从中获得愉悦的体验。

得体的服务姿势是可以帮助你赢得顾客的好感的，如果你自始至终都能保持一副优雅的姿势的话，会让顾客非常享受。就拿站立这一姿势来说，站着为顾客服务的时候，不能弓背弯腰，也不能前挺后撅，不断地摇晃自己的身体，要给顾客一个认真的印象。

同时，站直的时候不能太紧张，要表现得放松一些，但要切忌用单腿的力量支撑整个身体，虽然这样可以得到短暂的舒适感，但是却容易让顾客觉得你累了或不耐烦了，就会给产品的销售带来相反的效果。

在介绍产品时候，服务姿势显得更加重要，导购能够保持优雅的服务姿势，就会把产品介绍信息与之融为一体，最大程度上博得顾客的好感，成功将产品推销出去。

一般来说，在介绍产品的时候，左手要自然下垂，用右手来进行指引。如果有需要，则可以用左手辅助介绍，有必要的话，左手可以拿笔和记录单，便于记下顾客的需要；伸出的手掌手心要向上，而手指要伸直并拢，表示一种谦虚诚实的态度；严禁抓头发、挖耳朵等一系列不文雅的手势，引起顾客的反感。

除了抓头发和挖耳朵，还有很多动作是服务顾客过程中万万不能做的。这些动作包括：抠鼻子、剔牙、解衣擦汗、不停看手表；咬指甲、哼小曲、吹口哨、喃喃自语、玩首饰；对着顾客喝水、大声讲话、粗言戏语、打情骂俏；随意吸烟、吃零食、看杂志、干私活；和顾客顶嘴、吵架等。

这些动作都会让顾客觉得导购是很随意的，没有拿出最大的诚意和最好的态度提供服务，自然会对产品也产生意见，也就影响了导购的工作效果。

但是人非圣贤，谁都会有不开心的时候，那么怎么保证自己在情绪差的时候仍能够保持优雅的服务姿势呢？

首先，要主动、热情地和自己的同事打招呼，暗示自己这是在工作场合，千万不能把个人的情绪带到工作中。为自己营造一种融洽的工作环境，那在接下来的导购工作中就会更能为顾客提供优雅的服务。

其次，要学会自我调节。当情绪不好的时候，可以选择安静地独处一会儿，在心中反复告诫自己，忘记烦恼，或者回忆一两件令自己愉快的事情。然后，以最积极的心态投入到对顾客的服务中去，才能保持最优雅的姿势。

刘平做导购的工作，她是一个对自己要求很严格的人，即使工作多么疲劳，都会始终保持一副优雅的姿势为顾客服务。

有一次，刘平接待一个十分挑剔的顾客，顾客看了所有同功能的产品之后还是不能做出究竟买哪款产品的决定，并且还提出了让刘平再把几款产品的性能做一个详细介绍的要求。

刘平跟这个顾客转了大概有两个小时，穿着高跟鞋的脚已经很疼了，但是为了完成这单交易，刘平在心里对自己说："挺住，再坚持一下，保持最好的服务，也许就能拿到一份生意。"

于是刘平仍然面带微笑，认真地把顾客需要的几款产品挑选出来，再一次向顾客做了详细的介绍。介绍完毕之后，虽然很累，但是刘平微笑地看着顾客，等待顾客最后的决定。没有想到的是，这位顾客是想要一批数量很多的货，才会询问的这么仔细。最后，刘平靠自己自始至终都优雅的服务，争取到了这单交易。

可见，不管什么时候，对待顾客都要像对待上帝一样，即使再累再烦，也要保持优雅的姿态，这样才能真正获得顾客的青睐。

【金牌导购战术】

现代竞争是人员综合素质的竞争，导购代表企业和产品的形象，要想获得顾客的认同，就要有专业的服务态度，始终给顾客提供专业的服务。保持优雅的服务姿势，是导购的专业素养之一，这种周到的服务能给顾客留下美好的印象。

6. 微笑是你最好的名片

微笑是这个世界上最美的语言。可以毫不夸张地说，微笑服务是成功导购的根本，也是导购应该做到的最基本的要求之一。试想，一个不愿意用微笑的脸对待顾客的导购，是否会受到欢迎呢？

在交际中，微笑的魅力是无穷的，具有不可估量的价值。对导购来说，微笑不仅可以使自己保持最佳的精神状态和心理状态。同时，当把最灿烂的笑容呈现给顾客的时候，就会把自己的热情传递给顾客，使顾客被你的热情感染。

罗伯特·杰布森是一家电脑公司的总经理。由于业务上的需求，他们要招聘一名业务主管。他得知有一位刚毕业的计算机博士生，由于成绩优异，已经得到了好几家实力强劲的公司的邀请函，但无论如何，罗伯特还是决定试一试。

罗伯特致电这位博士生，用很客气的语气讲解了公司的情况，并把自己的劣势也如实告诉了他。但是如果有能力强的技术人员加盟，就一定能在行业中占据一席之地。

几天后，这位博士生打来电话，说是同意到罗伯特的公司来上班了。得知这个消息后，罗伯特十分高兴，但弄不懂为什么这位博士生不去那些更好的公司去工作，而是选择了自己的公司。

博士生犹豫了一下说："前几家公司的经理都居高临下，用一副冷冰冰、公事公办的腔调跟我讲话，我对此感到很厌烦。跟这样的人打交道，是不会得到他们的重视的。但我们的法律地位都是平等的，没必要跟我摆什么架子。这样的人即使跟客户讲话，自然无法取得良好的预期，也没有什么前景可言了！而您却愿意用这么客气的语气跟我说话，还不厌其烦地跟我介绍公司的情况，我甚至能够通过电话感受您一直在微笑着。您的声音听起来很温暖，很有人情味，让人感到很愿意与您打交道，我感受到了您的诚心和欢迎。是您的微笑和人格魅力打动了我，让我很信任您。我们一定可以合作得很愉快。"

从这个故事中可以看到，正是由于微笑的力量，让罗伯特得到了一名人才。同理，对导购人员来说，如果能掌握微笑的秘诀，恰当地运用于卖场与客户交往的过程，就相当于交出一张让客户难以拒绝的名片，为接下来的说服工作打下了良好的基础。

对顾客来说，导购如果勉强微笑，还不如板起面孔。微笑是一种愉快的心情的反映，导购在工作的时候只有把顾客当做朋友，才会自然地作出会心的微笑，给对方愉悦的感受。

当然，导购人员也是普通人，也会遇到不顺心的事，所以难免会有不愉快的事。不过，一旦开始工作，就要丢掉坏情绪，把自己亲切、随和的一面展示给顾客，忘却心中的不开心。要知道，顾客是来花钱享受购物快乐来了，没必要因为你的不开心而丢失好心情。所以，导购人员必须微笑面对顾客，奉上自己最好的一面，把欢乐传递给顾客。

当然，导购在工作中还会遇到一些很难缠的顾客，比如有些顾客在选购商品时犹犹豫豫，花费了很多时间，也不决定购买。这时候，导购人员不能催促对方，透露内心的不悦。正确的做法是暗示自己："他一定很喜欢这种东西，所以才会花那么多时间去精心挑选。"这样导购就会发自内心地露出体谅的微笑，帮助你完成交易。

总之，微笑是一种神秘的武器，它能让顾客感受到导购人员的热情、真诚和愉悦，自然也能提高顾客购物的好心情。在第一次和顾客接触的时候，如果你表现得很严肃，甚至板着脸，对顾客的服务显得很客套而又过于客气的话，就很容易造成紧张的气氛，这会阻碍交易的达成。

相反，给顾客一个适度的微笑，就能显示出你热情好客的一面，有效缓解你与顾客之间的紧张气氛。当然，微笑的时候要注意大方得体，不做作，不能用手捂嘴大笑。只要做到适度，就容易营造一个于己有利的销售局面。

【金牌导购战术】

微笑是有力量的：当你对一位客户微笑的时候，你会换得一笔交易的成功；当你对所有客户微笑的时候，你就会换得一个好的名声和无与伦比的吸引力。这种吸引力会比任何恭维的语言和行动都要发自内心和获得客户的共鸣。

7. 努力把自己做成品牌

导购是产品形象的代表，优秀的服务会让顾客对你印象深刻，增加回头的几率。在一些卖场，总有一些金牌导购撑起场面，吸引着更多顾客前来光顾。这些导购其实成了一个品牌，不但为增加了产品的销量，也让自己的职业空间有了更大提升。

换句话说，顾客在了解导购推荐的产品时，也会对导购本人形成特定的认知，进而决定是否要建立合作关系，以及合作关系的紧密程度。优秀的服务，会赢得顾客的认同，无形中也增加了以后继续合作的机会。为此，导购人员要在工作中积极进取，把自己打造成一张王牌，从而在工作中无往不胜。

当一位客人对琳琅满目的空调品牌无从选择的时候，他对导购的信任度往往会大于对品牌的信任度。对大部分消费者来说，遇上一个贴心的导购人员，可能会比买一台优质的产品更让人满意。

这一天，73岁的柴师傅又一次来到楼下的空调卖场，这是他第3次来看空调了。这次，接待柴师傅的是海信空调的导购人员何蓓。柴师傅说他要买一台变频空调，但是不知道什么品牌好，想全面了解一下情况。于是，何蓓主动带着柴师傅走遍了美的、格力等拥有变频空调的专柜，认真讲解各个品牌的型号和特色。

“你卖这里所有的品牌吗？”柴师傅看到何蓓这么专业又这么客

观，以为她不是专卖海信空调的。“不是，我是海信柜台的，我只卖海信空调。”何蓓笑着回答说，“但现在我们还在试营业，5月28日正式开业时，会有更大的优惠，我建议你到时候来买比较实惠。”

何蓓客观而热心的介绍让柴师傅十分满意。临走前，柴师傅对何蓓说：“我并不是一定要买海信的空调，但是下次来买的时候，你推荐哪一款我就买哪一款，我相信你。”

其实，像柴师傅这样因为信任何蓓而选择购买海信空调的客人不在少数。很多客人往往买了产品之后，还把何蓓的电话号码要了去，以后有困难还找何蓓帮忙。何蓓说她卖的每一台空调都把售后服务安排得很妥当。

比如建德、绍兴等外地的消费者买了产品之后，她就会主动联系好当地的空调销售网点，给客户上门安装。当然，她所做的售后服务远不止安排安装这么简单，很多客人买了新空调之后要求何蓓帮他们处理旧空调，还有客人过很久会打电话给她要求帮忙移机。这些不属于本职工作的事情，何蓓却同样认真负责地完成。

有人说，消费者买空调一般只看重品牌，导购人员只要把自己的品牌介绍出去就可以了。何蓓并不赞同这样的观点，她觉得一个成功的导购人员也是一个好的品牌，一定要客观销售、诚信服务。在国美科技店工作期间，她的业绩一直名列前茅，现在被调往国美系统最大的文一西路店工作。

可见，正是何蓓在导购工作中注意营造自己的品牌，获得了顾客的信任，也为自己争取到了更多的顾客。

在市场经济的大潮中，商机和时机都是无限的。导购人员一定要抱着最大的进取心，寻找商机和时机，抢先一步抓住机遇，将自己的能力和头脑发挥出来，做成自己最响亮的品牌，建立与众不同的非凡成就。

【金牌导购战术】

进取心是每个导购人员都该具有的职业素质。作为潜力可以无限发挥的工作，销售总是为敢于思考、创新和进取的导购人员带来丰厚的报酬。因此，想要把自己的产品品牌打响，首先不要忘了，让自己先成为活招牌。

第二章 不是会卖东西就是导购——训练合格的导购素养

导购工作不是简单的一手交钱、一手交货。成为一名合格的导购人员，首先必须热爱自己的工作，把导购工作看做是自己的事业，并在实践中不断提高自己各个方面的专业素质，学习陈列知识，做好盘点工作，保持对导购工作的良好心态，从而不断提高自己在顾客心中的印象，增加更多的销售量。

1. 心态：好心态决定好状态

成为一名优秀的导购人员，最重要不是掌握了多少促销技巧，而是确立出色胜任职位的好心态。有的导购人员之所以不出业绩，不是因为没有付出努力，而是因为在工作中没有摆正心态，遇事走极端，或者不能很好地调适自我。

“态度决定一切”，态度是一个人对待事物的一种驱动力，不同的态度将产生不同的做事效果。好的态度产生好的驱动力，注定会得到好的结果。把导购工作做到位，很重要的一点是摆正心态，妥当处事，最终在不断成长中取得非凡的销售业绩。

那么，要想成为一名优秀的导购人员，应该具备什么样的心态呢？

（1）信心

信心是相信自己有能力实现目标的心理倾向，是推动人们进行活动的一种强大动力，也是导购人员完成任务的有力保证。美国教育家戴尔·卡耐尔在调查了很多名人的经历后指出：“一个人事业上成功的因素，其中学识和专业技术只占15%，而良好的心理素质要占85%。”自信是成功的保证，是相信自己有力量克服困难，实现特定目标的高情商。

自信心是一种内在的精神力量，它能鼓舞人们去克服困难，不断进步。高尔基指出：“只有满怀信心的人，才能在任何地方都把自己沉浸在生活中，并实现自己的理想。”作为导购人员同样需要树立坚定的自信心。一方面，导购人员要对推荐的产品有信心，熟知产品信息，在说服自己的基础上去打动顾客。另一方面，还要对自己有信心，相信自己有能力把产品推销出去，能够在导购工作中说服顾客购买，即使遇到困难也能勇往直前。

（2）耐心

工作中，导购人员会接触到各种各样的顾客。每个顾客都有自己的个性特点，有不同的需求。这时，导购人员就要对顾客有足够的耐心，对他们提出的问题一一做出解答，千万不要表现出不耐烦，否则顾客的购买欲望就会迅速降低，生意也就无法谈成了。

有时，导购人员还会遇到这样的顾客，他们一般没有明确的购买目标，看看这个也可以，那个也可以，于是全部都尝试一遍，到最后也没有定下来到底对哪一个比较中意。对待这样的顾客，导购人员更应该耐心地去引导他们，为他们做详细的解说，即便生意不成，也是在为自己培养一名潜在的顾客。

（3）热心

热情是具有感染力的一种情感，它能够带动周围的人去关注某些事物。当导购人员热情地去跟顾客进行交流时，让顾客感受到你的热情，明确他在你心目中的地位，对方自然会“投之以桃，报之以李”。在销售中，热情的威力是巨大的，一位销售专家说：“你会由于热情过分而失去一笔交易，但会因为不够热情而失去100笔交易。”

当然，对于热情的程度，是需要导购人员自己把握的。今天，很多顾客抱怨：“导购人员太热情了，总是时时刻刻跟在我身后，让我觉得很不自在。”这提醒导购人员，对待顾客要有热情，但要把握好一个度，否则过度的热情会让顾客产生反感，事与愿违。因此，导购人员也需要了解一些心理知识，注意揣摩顾客的购物心理，恰到好处的服务才能得到顾客的认可。

（4）细心

导购人员如何才能抓住顾客的心呢？这就需要时刻把顾客所说的话放在心上。“处处留心皆学问”，养成留心观察的习惯，善于总结导购经验，做一个有心人，你的业务能力会得到极大提升。

机遇对每个人来说都是平等的，只要你是有心人，就一定能成为行业的佼佼者。台湾企业家王永庆刚开始经营自己的米店时，就记录客户每次买米的时间，记住家里有几口人，这样他就能计算出顾客所买的米能吃几天，快到吃完时，就给客户送过去。正是王永庆的这种细心，才使自己的事业发展壮大。

作为一个导购人员，顾客的每一点变化，你都要去了解，努力把握每一个细节，做一个有心人，才能够打动顾客，为自己赢得更多的销量。

【金牌导购战术】

导购人员的心态很重要，一个良好的心态能够促使导购人员认真工作，表现良好，还能够提高工作效率，从而取得更大的业绩。

2. 定位：做导购不是混日子

无论做什么，绝对不能有混日子的想法。有的导购人员没有丝毫的进取心，总是拿着那微薄的工资打发时间。在很大程度上，这是缺乏自我定位的结果。

让我们先看一个案例：

小美是营销专业刚毕业的大学生，毕业后到一家国内知名的二线化妆品公司做门店销售。她作为新人，不计薪资和一群导购在一条战线上作战。她在上班的时间尽心尽责，主动对顾客笑脸相迎，根据顾客的需求和喜好推销适合的产品。

虽然工作时间不长，但是因为她的亲和力和顾问式的销售，很受顾客欢迎，工作三个月就积累了不少回头客。店内的销量增长很快，她也很快得到了公司的认可，并被提升为门店督导。与此相反，和她一起的几个单品的老导购却积极性很低，对待顾客有选择性，懒得与新顾客深入沟通，结果她们的销售主要是自然销量，没有新的增长。

心有多大，舞台就有多大。导购工作不是卑微的职业，而是你与顾客进行亲密接触、了解销售市场的第一现场。在这里，日常工作不仅仅是帮助顾客挑选货物、增加每月的销量，更重要的是你能够在与千千万万、形形色色的顾客接触中，了解消费趋势、把握消费心理，成为一个会卖产品的销售精英。有了这种自我定位，无论对你所在的企业，还是对个人未来的发展，都是大有裨益的。

为此，导购人员不能在工作中表现出无所谓的姿态，也不能小看自己的工作。只要全心全意服务顾客，随时随地总结导购经验，就一定能取得不俗的业绩，成就非凡的自我。具体来说，导购人员在工作中要从以下几个方面给自己准确定位。

（1）突破自我，敢于表现

有很多人认为导购人员都是销售高手，销售天才，口才好，然而事实并非如此。许多导购人员刚入行的时候，并不能出色地推介产品，遇到顾客提问，也不能让顾客百分百满意。有的导购人员不知道如何应对顾客的挑衅，或者不擅长与顾客主动沟通，更不知道如何引导顾客说话。

总之，做好导购工作并非天生的，都要经历一个从陌生到熟悉的过程。最重要的是，要始终充满自信，持续奋斗，不断超越自我。做自己没做过的事叫突破，做自己没想过的事叫成长，只要努力，就一定会有好的结果。在日常工作中，导购人员要有一颗进取的心，努力学习各种专业知识，遇到顾客，积极主动的介绍，时间一长，就会在实践中不断增加自己的导购技巧。

（2）真诚打造品牌

导购人员要有真诚帮助顾客的意识，不论对方是否带着产品离开你，都要提供优质的服务。处处站在顾客的角度，为顾客的利益着想，要根据对方的需求提供合适的购买建议，只有这样才能亲近顾客，说服顾客购买。当然，一个真诚的导购人员，还要做到实事求是，千万不要信口开河，把不好的说成好的，没有的说成存在的，不要夸大甚至虚构事实，否则顾客就永远不会再次登门了。

(3) 坚持到底就有赢的机会

苦苦坚持，却看不到结果，这种情景太让人纠结了。在成长与成熟的道路上，经历困苦是必经的过程，最重要的是千万不要过早的放弃。

心理学家做过一个实验：将一条饥饿的鳄鱼和一些小鱼放在一个小箱的两端，中间用一个透明的玻璃板隔开，刚开始鳄鱼毫不犹豫地向小鱼发动攻击，它失败了，但是它毫不动摇接着向小鱼发动第二次更猛烈的进攻，它又失败了，并且受了伤，但它还是在进攻，多次进攻无望后，它再也不进攻了。这时把隔板拿开，鳄鱼仍然一动不动，只是无望地看着那些小鱼在自己的眼皮底下悠闲地游来游去，结果活活地饿死了。其实只要坚持尝试，将会是另外一种结果。

有这样一个导购，为了比别人多一点销售机会，每天都坚持早点上班，晚点下班。有一天从早到晚都没生意，已经很晚了，她正打算下班回家。在出门的那一刻，来了一位采购员，急需一批商品。就这样，这位导购签下了一笔大单。

由此可见，无论遇到什么样的苦难，都要再坚持一会。把工作当成自己的事业，你的心境就会大不同，而你从工作中收获的经验、累积的感悟也会更深刻，对你以后的发展也更有帮助。

(4) 跟自己的产品谈恋爱

导购人员推销产品，其实就跟谈恋爱一样，只有给对方需要的，对方才能接受你。推销产品首先要对自己所推销的产品感兴趣，并且喜欢它，就像恋人一样。恋人只看到对方的优点，包容他的缺点，说的都是好听话，没有消极抱怨的语言，用对恋人一样的心态去推销自己的产品，就会得到更多意想不到的收获。

【金牌导购战术】

既然已经选择了导购作为自己的职业，就一定要爱上它，万万不可秉持混日子的思想，因为这既是对公司的不负责任，同时也是对自己人生的不负责任，浑浑噩噩，生活一点都没有意义。相反，找准自己的职业目标，并在实践中不断地充实完善自己，才会有更大的作为。

3. 习惯：养成科学的销售规范

俗话说："国有国法，家有家规"，做任何事情都要遵守一定的规则，这种约束可以防止我们肆无忌惮的行事，保证始终沿着正确的方向前进。而在一个企业中，往往制定严格的标准来规范每个人的行为。对导购人员来说，同样需要在相应的规章制度下开展工作，养成科学的销售规范。

导购人员在商场中向顾客提供各种商品信息，进行说服、劝导，从而促进顾客购买。基层导购人员要想实现从优秀到卓越，由量变到质变的提升，不仅需要具备"性格外向、胆大脸糙"的基本从业素质，还需要养成科学的销售规范，在各个环节都能够用标准、规范来严格要求自己。

对导购人员来说，首先要把自己看成是一个服务人员，要全心全意为顾客服务，把顾客的需求放在首位，因而需要遵守销售过程中的服务规范。

◎树立良好的精神风范，全力维护公司形象。对导购人员来说，必须把“以公司为家”的精神贯彻到日常工作中去。在促销活动中，要时刻注意维护公司形象，这是导购工作的基本原则。

◎个人服务理念：“亲和诚信，服务至上”。优秀的导购人员把服务精神作为自己的行动指针，任何时候都把奉献精神放在首位，去成全顾客，最终实现赢单的目标。

◎严格遵守销售流程。对导购人员来说，从吸引顾客注意力，到完成促销工作，直到后来的签单、收费，都要遵守一个流程。称职的导购人员会严格遵守这个规范，不在细节上犯错，也不会遗漏重要的手续。

◎注重服务意识和品牌意识，努力使服务意识超越产品意识，导购人员不仅是在卖产品，更是在卖服务，卖价值观。

◎合理使用通讯工具，工作时间内私人手机严禁开机；禁止一切影响工作的所有物品和私人行为。

◎公司中的各种情况需要及时准确通知顾客并确保顾客知悉，同时也需要把顾客的需求做好记录并向公司及时汇报。

总之，科学的销售规范能使公司高效办事，也能指导导购人员出色胜任自己的岗位，取得不俗的业绩。而在规范之外，导购人员在具体执行过程中，则需要修炼内在的意志，提升自己的胜任能力和执行力。具体来说，可以从下面几点入手。

（1）执行力：简单的事情重复做，是导购人员的核心竞争力

优秀的导购人员所具备的执行力，主要表现之一为跟踪力。如果有顾客进店，导购人员应该主动上前，了解顾客所需，为顾客试穿、试戴。执行力的第二个方面，主要表现为承诺的兑现力。当遇到产品质量问题的时候，导购人员应该主动为顾客调换商品。

（2）沟通力：敲开顾客财富之门的金砖

严格意义上来说，沟通应该是导购人员必备的基础素质。而这里所说的沟通力，更多的是指沟通的方法和技巧。

沟通的终极技巧就是能在最短的时间内进入顾客的内心，在最短的时间内得到顾客的情感认同，真诚、率真、开朗的性格应该是叩开顾客心扉的灵丹妙药，而认真倾听顾客的需求，则是制胜的关键所在。

（3）韧性：持之以恒，不断进行自我激励

不同的导购人员有不同的个性，无论属于哪种情况都应该在工作中具备持之以恒的精神，应对工作中的挑战。只要能够做到持之以恒，不断自我激励，拥有不甘平庸的韧性，相信就能够获得不俗的销售业绩。

（4）冲劲：迎难而上的奋进精神

气质的形成虽然大部分是天生的，但是导购人员的冲劲却可以通过后天的努力获得。有冲劲的导购人员往往有非常强的自信心，并且在困难面前毫无惧色。

【金牌导购战术】

企业制定相关的规范制度，是为了保障公司的科学合理运行。作为一名导购人员，同样也需要养成科学的销售规范，使自己的销售活动在规范内进行，从而做到维护公司良好形象和促进个人事业发展。

4. 知识：用专业商品知识打动顾客

在零售终端通过现场服务引导顾客进行购买，完成销售任务，是导购人员的工作职责。为了在顾客心目中树立良好的企业形象，与顾客进行全方位的沟通，导购人员必须有过硬的产品知识，能够解答顾客的一切疑问。

让我们看看导购人员在促销中扮演着怎样的角色。首先，他是一个服务专家、营销代表，能够指导顾客购物；其次，导购人员还应该是顾客立场的代表、使者，为顾客的需要着想，让顾客全面感知产品的信息与性能，获得必要的决策信息；再次，成功的导购人员还应该具备产品演示、操作技能、沟通技能等一系列的基本技能，帮助顾客对产品获得直观的感受。

顾客购买商品需要一个分析和考虑的过程，这时为他们提供“导”购的服务很关键。为了胜任这一角色，称职的导购人员应该具备哪些知识呢？

（1）品牌知识

充分掌握必要的品牌知识，是胜任导购工作的基础。试想，一名导购人员连产品的基本信息都搞不清，又如何回答顾客的提问呢？除了接受公司正规的品牌知识培训，导购人员还要全方位、多渠道了解与产品有关的其他信息，从而提升自己的职业素养，让顾客满意。具体来说，企业文化、历史和背景，产品生产线等，都属于品牌信息的范畴。

（2）对产品了解透彻

导购人员要对产品了如指掌，对每一种产品的性能、特点、操作演示和维护都十分熟悉，同时还要对公司与产品有关的商业政策做到心知肚明。如此一来，才能提供准确的产品信息，使顾客对产品有一种信任感，从而放心购买、使用该产品。而导购人员熟练的商品知识也会深深地打动顾客，给对方留下良好的印象，为下次回头购买做准备。

（3）消费心理学知识

当导购人员在与顾客进行交谈时，一定要揣摩顾客的心理活动，察言观色。最重要的一点是不怕失败，有韧性，摒弃胆怯的心理，做到不卑不亢、大大方方。比如，家具导购人员要懂得一些心理学和用料常识，在为顾客进行产品介绍的同时，运用这种丰富的知识帮助顾客做决策。在顾客注重材料环保的前提下，导购人员能够从材料的环保角度提供合理的建议，自然让对方非常受用，甚至能让双方成为好朋友，这对销售工作非常有帮助。

（4）为顾客报价时熟练操作计算器

一个专业的导购人员，不会因为到处找计算器而冷落了顾客，必须要做到人手一个计算器。当顾客问到一套或者几套家具加起来要多少钱，导购人员就会在旁边用计算器熟练地计算价格，最后告诉顾客一个总价。有些产品还会涉及到打折，顾客就更需要导购人员能够给出一个明确的数值。同时，在核算的过程中，导购要引导顾客处于一个有利的方位，能够清楚地看到计算器上显示的数字，取得他们的信任。

【金牌导购战术】

导购人员不仅需要掌握销售的技巧，更需要掌握所有商品的专业知识，熟练的专业知识将使顾客更加信服，从而更加有助于销售。

5. 陈列：紧抓顾客的第六感

陈列被称为是“终端销售的重中之重”。陈列的主题不明确，会直接影响顾客对品牌的购买。作为媒体广告的延续，明确的陈列主题能够提供更加详尽的、更加直观的产品信息给顾客，从而激发顾客的购买欲望和购买行为，缩短挑选的时间，加速交易过程。因此，导购人员还需要提高自己在商品陈列方面的技能，以此来吸引更多的顾客。

商品陈列不仅是一门艺术，更是一门科学，商品陈列通过视觉与顾客沟通，以商品本身为主题，利用其形状、色彩、性能，通过艺术造型陈列及环境的相互协调来向顾客展示商品的特征，增强商品对顾客的吸引力，加深顾客对商品的了解。

科学、优美的陈列可以塑造店铺、专柜的风格，突出主打产品；增加商品的魅力，诱导顾客进店，为顾客营造购物气氛。具体来讲，陈列原则包括下面几点：

◎系列化：同系列产品陈列在相近的位置，方便顾客按功能进行选购。

◎重点化：将公司主打产品放在最醒目的位置，并配合其他产品做好陈列，做到重点突出，引导顾客。

◎多样化：要根据产品的不同特点，进行多种方式组合陈列。

◎平衡化：如体育用品在陈列时尤其要讲究平衡性和对称性，以产生运动的平衡感、力量感和极强的视觉冲击力。

◎重复化：将同类产品按照一定的原则进行陈列，形成一种陈列气氛。如一层层板上叠放 6 件同款、同色、同号的文化衫；鞋墙按照一定的分类准则以相同的间距将产品码放整齐，保持陈列完整，没有空缺；将不同色号的货品在不同区域重复展示，以加深顾客的印象。

◎响应化：产品陈列时，要进行全面考虑，注意其色彩、款式、类别等因素相互的关系，达到整体的协调统一。如挂钩两侧或上下方的层板上要叠放与其同类的产品，中间架子上的陈列应与其相近的衣墙陈列同一系列产品。

导购人员每天要面对形形色色、各种层次的顾客，不同的人所关注的话题和内容是不一样的。只有具备了广博的知识，才能与顾客有共同的话题，才能谈得投机。因此，导购人员要涉猎各种书籍，无论天文地理、文学艺术、新闻、体育等，导购人员还要养成勤于思考，勤于总结的习惯，总结出成功的经验以及失败的教训，以便在以后的工作中如鱼得水。在学习与实践的基础上，导购人员要对商品陈列要点做到心中有数。

（1）陈列的商品必须明码标价，一物一签，以免使顾客有混乱的感觉。

（2）模特及陈列的衣服必须整烫后才可悬挂。

（3）各种商品如果有污渍或次品，如果无法整理应该尽快安排退仓，不要滞留在柜台上。

（4）如果陈列的货品有线头、缺扣等问题应该修整后再陈列。

（5）如果天花板、墙壁、货架上张贴海报、广告、悬挂吊旗，必须要小心处理，以免弄脏墙壁、天花板等，影响店容。

（6）商品陈列要本着美观、醒目、有序的原则，使顾客赏心悦目，以引导顾客。

衣着打扮是我们留给外界的第一印象；而柜台的陈列是让顾客过目难忘的第一印象。心理学家认为：顾客在购买活动中，最容易受暗示因素的影响。优秀的柜台陈列，能够吸引顾客的注意力，促成销售。反之，失败的陈列会降低顾客的购买欲望，应极力避免。具体来说，陈列中应该避免的情况包括：

（1）产品系列性陪衬陈列，陈列无感染力。

（2）将无关联展示物过多的放入展示空间，造成喧宾夺主，主题不突出。

（3）因追求专卖店的气氛，而增加单元区域内商品数量和品种。

（4）刻意营造色彩间隔，使专卖店显得杂乱无章。

（5）太多零散和独立的点缀式摆设。

（6）光源失调、残损，照明无自然还原效果。

（7）连续大范围、大跨度单一陈列展示方式，导致顾客视觉单调、疲惫、缺乏重点。

（8）季末、季初产品陈列方位未经调整，陈列方式保持不变。

总之，充分发挥陈列对销售的作用，应做到建立以顾客为中心，需求为导向的陈列理念，根据顾客消费心理和行为习惯，采用科学的方式、方法，结合经营者的目标，展示出商品的特性，从而达到树立形象、吸引人流、刺激消费、提升销售的目的。看似简单的陈列工作，其间却涵盖了许多科学规律，需要导购在日常工作中用心体会、感受，成为专业的销售专家。

【金牌导购战术】

陈列应该选择顾客易懂、易看、易选且美观的表现手法。顾客购买的不仅仅是商品，还有商品所具有的价值感和满足感，陈列即体现了产品的价值和文化。因此，导购人员要提高自己在陈列方面的技巧，以吸引更多的顾客前来光顾。

6. 盘点：货品管理做到井井有条

所谓盘点，是指定期或临时对库存商品的实际数量进行清查、清点的作业，即为了掌握货物的流动情况（入库、在库、出库的流动状况），对仓库现有物品的实际数量与保管账上记录的数量相核对，以便准确地掌握库存数量。

在一般人看来，现金才是钱，管好就行了。至于实物，放在店里，别人又搬不走，没有必要花精力去管理它。然而，这种做法会带来许多弊端，比如出纳地位高、仓管地位低，结果当然是现金不差分毫，实物却年年亏损，仓库成了无底洞，不知道为什么总是不能做到账物相符。造成这种局面的原因很简单，那就是只管财，不管物。为此，导购人员要做好盘点工作，掌握下面这些专业知识。

1. 盘点的内容

（1）货物数量

通过点数计算来查明商品在库的实际数量，核对库存账面资料与实际库存数量是否一致。

（2）货物质量

检查在库商品质量有无变化，有无超过有效期和保质期，有无长期积压等现象，必要时还必须对商品进行技术检验。

（3）保管条件

检查保管条件是否与各种商品的保管要求相符合。如：堆码是否合理稳固，库内温度是否符合要求，各类计算器具是否准确等。

（4）库存安全状况

检查各种安全措施和消防器材是否符合安全要求，建筑物和设备是否处于安全状态等。

2. 盘点的要求

（1）真实

要求盘点所有的商品数量、资料必须是真实的，不允许作弊或弄虚作假，掩盖漏洞和失误。

（2）准确

盘点的过程要求是准确无误，无论是资料的输入、陈列的核查、盘点的点数，都必须准确。

（3）完整

所有盘点过程的流程，包括区域的规划、盘点的原始资料等，都必须完整，不要遗漏区域、遗漏商品。

（4）清楚

盘点过程中，不同的人员负责不同的工作，所以所有资料必须清楚，人员的书写必须清楚，货物的清理必须清楚，才能够使盘点顺利进行。

具体到盘点的时间，一般是每月一次。下面以服装行业的盘点为例，简要介绍一下盘点的作用。

服装盘点的目的就在于确认账面和实际库存是否相符、查明账面损益、检查服装库存管理是否存在漏洞，从而对服装的库存进行长期、明确的管理和监督。

(1) 把握服装店当前的库存资金、库存的各类数据

利用电脑对所有资金、商品进行统计和管理是目前的主要优势。因为，建立起的电脑数据库，将提供更加简洁明白、清晰准确的信息，有利于经营者观测经营效果，确定经营绩效。

(2) 积极为补货做准备

经过详细地盘点，经营者将对哪些服装比较畅销有较好的了解，特别是当货物在市场上还在热销的时候，经营者就要果断地做出补货的决定，以创造更好的业绩，获得更多的利润。

(3) 针对损耗较大的服装进行重点管理

在货物运输和存储的过程中，有时会出现某些服装因质量问题、保存不当或者其他原因造成货损较大的情况。经营者需要对这些情况进行分析统计，并应及时找到解决的方法。

(4) 把握服装店在一定期间内整体的损益、业绩情况

服装店在某盘点期内的亏盈状况将引导店主做出不同程度的调整，改变今后进货和销售的渠道与方向。

(5) 清点服装中的滞销品、残次品等

对它们及时进行清点和处理，可以为经营者减轻运营负担、加速资金运转、保证物流顺畅提供便利。同样，对残次品的处理也是同样的道理。由于这些服装可能带来资金周转风险，经营者必须早作打算，及时处理，以防范经营中的风险。

【金牌导购战术】

盘点工作虽然很艰辛，但非常重要。只有定期把盘点工作做好，

才能做到对货物心中有数。通过严格把握盘点的各个环节，让各个职场都意识到自己工作的重要性，从而循序渐进的工作方式和责任心都会得到改善。

7. 激情：始终保持对职业的热爱

在生活中，常常会见到这样的情形：一个是身强力壮的小伙子，整天缺乏干劲；另一个是老当益壮的六旬老人，却干得井井有条，对工作无比热爱。把这两个人加以比较，反差对比强烈，发人深省。之所以会造成这样的差别，其原因就在于内心的干劲不同。前者不热爱自己从事的工作，而后者酷爱自己的工作。

一般来说，人们越是热爱自己的工作，干劲就会越大，工作业绩就会越来越好。同样的，要想做好导购工作，就要热爱导购，并视之为神圣的工作。

有人对各行各业公认的成功者进行调查，发现他们有一个很大的共同点，就是他们热爱自己的工作。美国著名的销售大师乔·吉拉德就说过："有人说我是天生的导购人员，因为我十分热爱自己的工作。我确实认为，我早年成功的主要原因就是我热爱导购工作。"

一些导购在平时谈笑风生，但在与顾客打交道时不是语无伦次，就是坐立不安。这是什么原因呢？因为他们把导购看成是卑微的职业、求人的工作，并不是从心里热爱这份工作。这样的导购人员是永远也难以成功的。既然选择了导购工作，最好在这个职业上待下去，因为所有的工作都会有问题，明天不会比今天好多少，如果频繁地跳槽，情况会变得更糟。如果你热爱并坚守下去，情况就不同了。比如种树，你要栽上树苗，再精心呵护，然后它慢慢地长大，才能给你回报，你把树苗培育得越久，树就会长得越高大，回报也就相应越多。

导购工作并不一定要和低声下气、饮酒应酬相关联，也不必用逢迎谄媚、贿赂和私下交易的手段。不要认为一名导购人员只有靠向别人鞠躬作揖才能完成一笔生意，如果有这样的心态，那就大错特错了。

每一个导购都应该明白，导购与其他行业一样，只是具体工作内容不同。导购人员不是把产品或服务强加给别人，而是帮助顾客解决问题。你是专家，是顾问，你与顾客是平等的，因为你更懂得如何来帮助他人。有了这种意识，并在日常工作中投入激情，你会发现整个世界都会大不同。

导购行业最忌讳的就是在顾客面前卑躬屈膝。如果你连自己都看不起，别人又怎能看得起你？你的懦弱的表现不仅不会得到顾客的好感，还会让顾客大失所望。你对自己都没有信心，别人又怎么可能对你导购的产品有信心呢？

因此，只有当你感到工作有意义、有价值，你工作起来才会很愉快。工作时心情舒畅，这快乐的情绪就会感染顾客，这样，导购的成绩自然就会好起来。反之，你若觉得工作没意思、没价值，那么工作时一定很不愉快，这种低沉情绪同样也会传染给顾客，当然导购的成绩也不可能理想。

其实，导购工作是了解市场、掌握顾客心理的绝佳舞台。在接触各式各样顾客的过程中，你还可以一面工作，一面学习各种知识。当你精通导购的奥秘，成为一名成功而老练的导购人员后，不管将来你转向什么职业，你都能够成功。

从事导购这一行，可以说是成为职场万能选手的最便捷的方式。因此，要想成为一名成功的导购人员，只有心态好、能力强的人才能实现，其他人是望尘莫及的。因此，每天在工作中投入激情，会让你的工作步入更高的境界、取得更好的业绩。

【金牌导购战术】

导购人员不应该低看自己，而应该以导购工作为荣，相信导购是神圣的工作。只有树立了这样的信念，才能为导购工作付出所有的努力，这样才能成为一名顶尖的导购高手。

第三章 顾客最关心的永远是自己——谙熟顾客的购买心理

顾客永远是为了自己才会购买你的商品，而不是因为导购人员的说辞就下决定花钱。永远把自己放在顾客的位置上，从顾客的角度上思考问题，这是一个销售高手的基本素质。

1. 希望享受到上帝般的服务

每一位顾客都希望在消费中享受到上帝般的服务，而“一切以顾客为中心”、“顾客就是上帝”这样的口号已经成为导购人员的共识。只有把顾客当上帝一样对待，才会打动顾客的心，顾客才会不间断地关照你的生意，从而持续提升销售业绩。

其实，无论人们做什么事情都是为了满足其特定的心理需求，当这种需要得不到满足时，内心就会处于“饥渴”状态，并且迫切希望能够通过各种途径得到补偿。今天，人们在消费中不仅仅是在购买所需的商品，还重视舒心、愉悦的购物体验，否则就会终止购买活动。于是，导购人员要千方百计提升购买环境的吸引力、增强商品解说的受用性，让顾客开心花钱、乐意消费。

然而，许多商家在销售中前后不一，割裂了顾客的心理体验，实在大错特错。有时候，卖场的商品品质很有竞争力，但是导购不合格，结果销售业绩并不理想；有时候，商品品质与导购服务都很过硬，但是售后服务不到位，照样引起顾客不满。无论哪种情况，都要始终照顾到消费者希望得到上帝般服务的心理，才会赚得盆满钵满。

一个周末，张先生虽然经历了楼下家电卖场的微笑服务，却在接收货物的时候很费了一番周折。起初，他没有按时接到货物；到了晚上11点的时候，又被告知，因为大雨货物无法按时送到。听到这里，张先生非常生气，责问电话那边的服务员：“为什么不早点通知我，这不是拿顾客的时间不当回事吗！”

张先生住的地方离单位很远，每天像“长征”一样早出晚归，身心疲惫不已，再也经不起这样的折腾，因此顿时火冒三丈。接着，他又质问起来："难道你们的售后服务就是这样的吗？如果确实有困难，顾客不会无理取闹，可是为什么不早点打个电话通知顾客，却先是迟到，后是拒绝雨天送货，让我干巴巴地傻等。现在我决定，坚决退货。"另一边，服务员还是单纯地解释，说送货人员每天要送出很多货物，到现在还有许多商品没有送达。

后来，在张先生义正词严的攻势下，服务员蛮横地挂了电话，再也不接了！对此，张先生恼怒、委屈到了极点，真恨不得马上找到他们去理论，可是看看手表都已经晚上 11 点多了，只能强忍下这口恶气，毕竟他不想耽误第二天的工作，那样损失就会更大。

第二天，一直到中午，家电卖场那头以及送货商没有任何说辞。张先生顾不上吃饭，就在此拨通了电话，直接找经理，强烈要求退货。但是，值班经理在听到投诉后，又是道歉，又是赔礼，并且说办理退货手续比较麻烦，至少要十天半月。最后，张先生思前想后，决定让对方尽快把货送到，就不再要求退货了，因为他经受不起任何折腾了。

事情虽然过去了，可是这个过程的苦乐只有张先生自己知道。导购人员用"微笑"把商品卖出去了，收了顾客的钱，开好了单子，难道就意味着买卖结束了吗？难道送货和售后服务就不再属于"微笑"服务范畴了吗？介绍商品、签单结账的时候能够提供顾客满意的服务，为什么在后续的工作中就变了味，让先前的优质服务大打折扣。这是每一位销售行业工作者都应该深思的问题。

在销售中，有的导购人员只按照训练好的套路做事，虽然顾客挑不出什么毛病，但是他们在细微处发现了瑕疵，表示出了不满。而粗心的导购人员没有发现改进工作的契机，直到一场好买卖泡汤，他们才知道把事情搞砸。可见，为顾客提供上帝般的服务，是多么重要。

享受细致、周到的服务，反映了顾客花钱买乐子的心理，它贯穿了销售工作的整个过程，也包括售后服务。在卖场销售中，导购人员要从如下几点把握顾客的这种微妙心理：一是希望得到别人的认可和赞美，使自己获得优越感；二是不愿意被人轻视，以使自己显得与众不同，从而引起别人的注意。从某种意义上来说，是顾客创造了市场，而一个企业的产品只有迎合顾客的需求，导购人员充分把握顾客的消费心理，才能实现良好的销售业绩。

当然，有时导购人员会遇到比较挑剔的顾客，他们会提出各种“尖酸刻薄”的问题。对此，导购人员要秉持满足顾客需求的理念，为他们提供满意的服务，甚至要做好充分的准备应付顾客的刁难。毕竟没有十全十美的产品，也没有十全十美的导购人员，顾客总是能够挑出你的毛病。他们不会考虑你的难处，在弹指一挥间就能决定销售的成败，因此导购人员必须有足够的心理准备，并想好如何应对各种可能出现的突发情况，满足顾客享受到上帝般服务的心理。

(1) 导购人员在与顾客交谈的时候一定要态度谦虚

导购人员要用谦虚的态度与顾客交谈，让对方觉得你不但是产品的专家，还是一个很有修养的人。这样，顾客才能产生和你进一步沟通的想法，对你所介绍的产品也会更加有兴趣。

(2) 认真听完顾客的要求再回答问题

导购人员在与顾客交流过程中，即便你已经很好地意会了顾客的意思，也一定要认真听完顾客的要求。只有这样，顾客才能感受到被尊重，从而让销售工作持续下去。

【金牌导购战术】

导购人员是与顾客接触最多的人，也是促成销售的最关键环节，因此如何在提供满意服务的基础上实现赢单的目标就成为重中之重。在日常工作中，把顾客奉为上帝，满足他们的心理诉求，才会成为金牌导购。

2. 顾客都希望被尊重

心理学家马斯洛认为：人有受到他人尊重的需要。在销售领域中，导购人员对顾客的尊重同样重要。导购人员常常说，顾客是我们的上帝，事实上，顾客也同样把自己放在上帝的位置上，更何况现在处于买方市场，供大于求，顾客有了更多的选择。因此，在面对众多可供选择的产品和服务时，顾客尤为看重导购人员是否对自己有足够的重视与尊重。很多时候，一笔买卖能够做成，往往是因为导购人员对顾客给予了充分的尊重，让他们的虚荣心得到了充分满足。

世界上最伟大的汽车导购人员乔·吉拉德说过："我们的顾客也是有血有肉的人，也是一样有感情的，他也有受到尊重的需要，因此，导购人员如果一心只想着增加销售额，赚取销售利润，冷淡地对待你的顾客，那么很抱歉，交易就免谈了。"

有一次，乔·吉拉德去拜访一位顾客，与他商谈购车事宜。在拜访过程中，一切进展顺利，眼看就要成交，但对方突然决定不买了，这让乔·吉拉德百思不得其解。

到了晚上，乔·吉拉德仍为这件事感到困扰，他实在忍不住就给对方打了电话。

"您好！今天我向您推荐那辆车，眼看您就要签字了，为什么却突然走了呢？"

"喂，乔·吉拉德，你知道现在几点钟了？"

"真抱歉，我知道是晚上 11 点钟了，但我检讨了一整天，实在想不出自己到底错在哪里，因此冒昧地打电话来请教您。"

“真的?”

“肺腑之言。”

“很好！你是在用心听我说话吗?”

“非常用心。”

“可是，今天下午你并没有用心听我说话。就在签字前，我提到我的儿子即将进入密歇根大学就读，我还跟你说到他的运动成绩和将来的抱负，我以他为荣，可你根本没有听我说这些话！”

听得出，对方余怒未消。但乔·吉拉德对这件事却毫无印象，因为当时他确实没有注意听。话筒里的声音继续响着：“你根本不在乎我说什么，而我也不愿意从一个不尊重我的人手里买东西！”

这次推销让乔·吉拉德懂得了尊重客户的重要性，从此，他牢记这次的教训，发自内心地去尊重他的每一位客户，结果取得了意想不到的收获。

任何一位顾客都讨厌受到冷遇，如果导购人员把顾客晾在一边，那么顾客当然不会关照你的生意。但只要导购人员接待了该顾客，就要全心全意地为其服务，用心听顾客说的话，不仅仅关心自己的生意是否能够谈成，还要时时关心顾客跟你唠的家常，把顾客的话放在心上，像尊敬上帝一样去尊重顾客，让顾客受到前所未有的重视，满足顾客的自尊感，那么赢得顾客的心就不是什么难事了。

中国人酷爱面子，把自尊心看得比什么都金贵，正所谓“人活一张脸，树活一张皮”。因此，导购过程中最忌讳的就是伤害顾客的面子，让对方没有尊严，那么对方也会让你尝受到不被尊重的滋味。

每个人都渴望被尊重，每个人都不希望自己被周围的人忽视，这是人之常情。成为主人翁的感觉，确实可以让顾客产生很好的消费体验。大家对于日本式的服务都感触很深，它以尊重顾客为中心，比如进入日式料理店的时候，顾客确实能够找到主人的感觉，这在日本已经形成了一种服务文化。

一个懂得交际艺术的导购人员，即使知道自己的观点是正确的，在说服别人接受自己的观点时也会力求保住对方的面子，更何况在销售领域永远奉行的是“顾客永远是对的”信仰。能够在隐忍中做到这一点，顾客会充分感受到你的诚意，并认为你是一个值得合作的商业伙伴，值得成全的买卖人。

既然明白了顾客爱面子的心理，那么导购人员就一定要紧紧抓住顾客的这一诉求，在言语、行动中给足顾客面子。“给对方留点面子，就是给自己面子”，否则大家一拍两散，什么交易都做不成了。在网络时代，顾客在销售中的影响力越来越大，他们不仅拿着钞票，还掌握着选票，决定着导购人员收入水平的高低，以及商家的利润率。导购人员服务好一个顾客，就会将这种优质服务传播给更多的人，于是导购人员得到的不只是一个顾客，而是更多。

【金牌导购战术】

心理学家认为，一种行为必然引起相对的反应。因此，导购人员要时时有心地给顾客面子，尊重他们的心理感受与意愿，从而提升成交的几率，增加个人的美誉度。对导购人员来说，你能给顾客多大面子，就能迎来多大场面，也就能获得多大的业绩。

3. 男女顾客消费心理的差异

从消费群体的角度来看，男性和女性在消费方式、决策模式、选购商品的特色方面都具有较大的差异，这是因为男性和女性的思维角度不一样。导购人员应该熟练掌握这些差异，使彼此之间交易能够更加顺利地进行。

1. 男性顾客

(1) 动机形成迅速、果断，具有较强的自信性

男性的个性特点与女性的主要区别之一，就是具有较强理智性、自信性。男性比较善于控制自己的情绪，处理问题时能够冷静地权衡各种利弊因素，能够从大局着想。有些男性把自己看成是能力、力量的化身，具有较强的独立性和自尊心。这些个性特点都会直接或间接地影响他们在购买过程中的心理活动。

男性在动机形成时要比女性更加果断迅速，并能立即导致购买行为，即使是处在比较复杂的情况下，如当几种购买动机发生矛盾冲突时，也能够果断处理，迅速做出决策。尤其是男性不喜欢“斤斤计较”，购买商品时也只是询问大概情况，对某些细节不予追究，也不喜欢花较多的时间去比较、挑选，就算买到稍微有一点毛病的商品，只要无关紧要，也不会去计较。

(2) 购买动机具有被动性

从大的方面看，男性消费者不像女性消费者经常料理家务，照顾老人、小孩，因此，购买活动远远不如女性频繁，购买动机也不如女性强烈，比较被动。在许多情况下，购买动机的形成往往是由于外界因素的作用，如家人的嘱咐、同事朋友的委托、工作的需要等，动机的主动性、灵活性都比较差。导购人员常常遇到这样的情况，很多男性顾客在购买商品时，事先记好所要购买的商品品名、式样、规格等，如果商品符合他们的要求，就购买，否则就放弃购买。

(3) 购买动机感情色彩比较淡薄

男性顾客在购买活动中，心境的变化不如女性强烈，不喜欢联想、幻想，他们往往把幻想看作是未来的现实。相应地，感情色彩也比较淡薄。所以，当动机形成后，稳定性比较好，其购买行为也比较有规律。即使出现冲动性购买，也往往自信决策准确，很少反悔，比如退货。需要指出的是，男性顾客的审美观同女性有明显的差别，这对他

们动机的形成也有很大的影响。比如：有的男顾客认为，男性的特征是粗犷有力，因此，他们在购买商品时，往往对具有明显男性特征的商品感兴趣，如烟、酒、服装等。

2. 女性顾客

在现代社会，谁抓住了女性，谁就抓住了赚钱的机会。导购人员要想快速提高交易量，就应该把握住女性顾客的心理特点，充分挖掘女性消费市场。

（1）追求美观

女性顾客非常注重商品的外观，将外观与商品的质量、价格当成是同样重要的因素来看待，因此在挑选商品的时候，女性会非常注重商品的色彩、式样。

（2）追求时髦

俗话说："爱美之心，人皆有之"。对于女性顾客来说，就更是如此。不论是年轻女子，还是中老年女性，她们都愿意将自己打扮的美丽一些，充分展现自己的女性魅力。尽管不同年龄层次的女性具有不同的消费心理，但是她们在购买某种商品时，首先想到的就是这种商品能否展现自己的美，能否增加自己的形象美，使自己显得更加年轻和富有魅力。如：女性顾客会比较喜欢造型别致新颖、包装华丽、气味芬芳的商品。

（3）感情强烈，喜欢从众

女性一般具有比较强烈的情感特征，这种心理特征表现在商品消费中，主要是用情感支配购买动机和购买行为。比如，受到同事的影响，女性顾客喜欢购买和他人一样的东西。

（4）喜欢炫耀，自尊心强

对于很多女性顾客来说，之所以购买商品，除了满足基本需要以外，还有可能是为了显示自己的社会地位，向别人炫耀自己的与众不同。在这种心理的驱使下，她们会追求高档产品，而不注重商品的实用性，只要能显示自己的身份和地位，她们就会乐意购买。

男人与女人之间存在很大的差异，导购人员在销售过程中要具体问题具体分析，针对男女的不同特征，来“对症下药”，从而促成交易的成功。

【金牌导购战术】

正所谓“知己知彼，百战不殆”，导购人员在充分了解男女的消费心理后，接下来再与顾客交流的时候，采取有针对性的推销策略，投其所好，就容易赢得信任，成功地实现赢单的目标。

4. 人人都有“从众”心理

一个人在一种真实或臆想的群体压力环境下，认知通常会以多数人的行为准则为标准，进而在行为上表现出努力与之趋向一致的现象，这是一种普遍的社会心理现象。

歌德说：“不管努力的目标是什么，不管他干什么，他单枪匹马总是没有力量。合群永远是一切善良思想的人的最高需要。”

生活中总会发现这样的现象：在人流如织的街面上，无论哪家店面，只要有成群结队的顾客光顾，那么这家店面的人就会越来越多；在繁华的商场里，只要人们争先恐后地抢购一种商品，那么便会有越来越多的人加入到抢购者的行列；在临街的草坪拐角处，如果有几个人踏出了几个脚印，那么便会有更多的人从这里穿行，进而形成了一条小路；在同一个班级中，如果有几个孩子学英语，那么其他孩子的父母也会让自家的孩子开始学英语；在书店中，如果有一群人买同类的高考复习资料，那么该项复习资料就会卖的越来越火……

对此，我们把这种行为或者与之相似的行为成为“趋势”、“大众化”或“流行”，心理学上将其解释为“从众效应”。

心理学家认为：“凑热闹和随波逐流是人性的弱点”。但是把这个观点从影响力的角度来讲，就会被主动施加影响的一方利用来为自己服务。导购人员向顾客推销产品就是对“从众心理”的正确利用，导购人员会习惯性地说：“你的邻居们都买了该产品，你也买吧，没有错的”，或者“其他人都买了该商品，反响不错，你也可以试一试”。于是，人们纷纷购买该产品。

日本著名的企业家多川博先生，因成功地经营婴儿专用的尿布，使公司的年销售额高达七十亿日元，并以百分之十八的速度递增的辉煌成绩，一跃成为闻名世界的“尿布大王”。

其实，多川博的创业之路并不顺利。他一开始创办的是一个生产销售雨衣、游泳帽、防雨斗篷、卫生带、尿布等日用橡胶制品的综合性企业。由于经营缺乏特色，所以销量很不稳定，曾一度面临倒闭的困境。

一个偶然的机会，多川博从一份人口普查表中发现，日本每年出生约二百四五十万婴儿。他想，如果每个婴儿用两条尿布，一年就需要五百万条。于是，他决定停止生产尿布以外的产品，实行尿布专业化生产。

经过一系列的研究、改进，尿布生产出来了，而且采用的是新科技、新材料。当公司满怀信心地宣传产品，希望引起市场的轰动时，却发现自己生产的尿布基本上无人问津，生意特别冷清，几乎到了无法继续经营的地步。

多川博先生特别着急，经过冥思苦想，他终于想出了一个好办法：让自己的员工假扮成客户，排成长队来购买自己的尿布。公司店面门庭若市的场面引起了行人的好奇：“这里在卖什么?”“什么商品这么畅销，吸引这么多人?”这样，就营造了一种尿布旺销的热闹氛围，于是吸引了很多“从众型”的买主。

随着产品的不断销售，人们逐步认可了这种尿布，买尿布的人越来越多。后来，多川博公司生产的尿布在世界各地都畅销开来。

多川博公司的尿布之所以能够畅销，就是利用顾客的“从众”心理打开市场的。不过，有一个前提条件，那就是产品的质量一定要好，这样才能在顾客购买后得到其认可。所以，销售最终还是要以质量赢得顾客的，而利用其“从众”心理只是一个吸引顾客的手段。

其实，顾客的“从众”心理还有其他的表现形式，而威望效应就是其中的一种。例如，很多公司、商家都会花高价请明星来代言产品、做广告，以引起客户的注意和购买。因为，一般情况下，当一个人没有主张或判断力不好的时候，就会依附于别人的意见，尤其是一些有威望、有权威的人物的意见。

从众心理人人都有，在日常生活中人们也喜欢随大流。同标新立异相反，不另辟蹊径是大多数人的心理。还有一些人，他们可能有新思想、新想法，但害怕受到大众的反对或孤立不得不放弃自己的思想。当然这种从众思想既有积极意义，又有消极意义。但作为一名导购人员，要能够正确利用顾客的从众心理，从而达到推销更多商品的目的。

【金牌导购战术】

在销售过程中，导购人员要准确抓住顾客的“从众”心理，不失时机地进行宣传、推广，那么你的销售量就会大增。虽然利用顾客这种心理可以提高推销成功的概率，但也要注意讲究职业道德，不能靠拉帮结伙欺骗客户，否则，将会适得其反。

5. 顾客总担心自己上当受骗

很多顾客都怕被骗，面对导购人员，他们表现得很谨慎，浑身上下都充满警惕，就怕掉进潜在的“陷阱”。因为在利益交织的社会里，形形色色的骗子越来越多，其中不乏一些商业骗子，这使得顾客对导购人员产生了一种不信任的心理。他们认为，从导购人员那里所获得的商品信息，会不同程度地包含着一些虚假的成分，甚至还会存在一些欺诈的行为。

于是，很多顾客在与导购人员的交谈中，往往对导购人员的话不太在意，甚至抱着逆反的心理与导购人员进行争辩。因此，对待这种顾客，导购人员不要急于求成，你说得越多，顾客反而越怀疑，曾经被骗的经历会让他们对眼前的你产生不信任的感觉。有效的做法是，找出顾客产生不信任的真正原因，想办法消除顾客的心理障碍，努力成为对方可信赖的朋友，这样才能达成交易。

一家影楼的李小姐反映：许多客户来了走，走了又来，最后还扔下这样一句话："你给我降价，我就在你这儿拍，不然我就走！"

李小姐疑惑地说："我们这个行业到底是怎么了？如果客户是去一家饭店吃饭，恐怕他不会说：'你给我降多少钱，我就在你这里吃。否则，我就去另一家了。'如果真有人这么说，别人肯定会笑他是不是哪里不正常。但是，在我们这里，好像只有那些讨价还价的人才是正常的。"

其实，顾客之所以会讨价还价，是因为他们害怕被骗。毕竟影楼给顾客的印象是暴利行业，即使你报出了底价，顾客也会认为其中仍有很大的水分。顾客产生这种心理的主要原因在于某些商家促销做得有些过头。比如，原价一万元的产品，没几天就优惠了三千元，或者随便找个理由就打个八折。

这时，顾客就会认为产品本来就值几百块，不然怎么会降这么多？这个商店平时肯定赚了顾客不少钱，我可不能被骗。一旦顾客有了这种心理，就会对你的低价格产生怀疑。

此外，顾客刚从你手上买了产品，再到你的竞争对手那里一看，你卖给他的东西只要一半的价格就可以买到，于是你自然完全失信于人。

一位金牌导购人员曾说过：作为导购人员，你不是要打动顾客的脑袋，而是要打动顾客的心。因为心是离顾客钱包最近的地方，是顾客的感情。脑袋则是顾客的理智，也就是说合格的导购人员要通过打动顾客的感情，让顾客产生购买的想法。

的确，现在社会上的骗子很多，许多人深受其害，而骗子的行骗方法可能会仿效导购人员的推销方式，顾客再看到导购人员时就很容易想起被骗的痛苦经历，所以他们认为导购人员几乎都是骗子，于是在潜意识中有些排斥过分热情的导购行为。

通常，顾客怕被骗的心理会让你们的沟通产生障碍，但同时也会给导购人员带来机会。这种顾客常常是想买产品，但他们总希望能把价格降一降，所以会找同类商品如何优惠的话来说服导购人员。为此，导购人员必须在游说中让顾客明白，任何一种商品都不可能在各方面占优势，重点告诉对方如果买你的产品能获得什么好处，以此来满足顾客的需求和减轻他担心买贵的顾虑。如果有什么优惠活动，也要提前通知顾客，把利益的重点放到顾客身上，让顾客觉得自己获利而不是被骗了。

还有一部分顾客担心商品的质量或功能，对商品没有足够的信心，因此担心上当。此时，你不妨直接对顾客说出产品的缺点，这比顾客自己提出来要好得多。

因为，如果导购人员把顾客的利益放在首位，就会使顾客对你产生信任感，觉得你没有隐瞒产品的缺点，是个诚实的人，这样他就会愿意与你进行接下来的交流。同时，顾客还会觉得你很了解他，甚至把他想问但还没有问的话都已经回答了，这样他的疑虑就会减少。最重要的是，导购人员通过主动说出商品的缺点，可以避免和顾客发生争论，而且能使导购与顾客的关系由消极的防御式变成积极的进攻式，从而促成交易。

总之，在促销活动中，导购人员要尽自己最大的能力来消除客户的顾虑心理，使他们觉得自己所购买的商品物有所值。首先需要做的就是向客户保证，他们决定购买的动机是非常明智的，而且钱也会花得很值；而且，购买你的产品是他们在价值、利益等方面做出的最好选择。

【金牌导购战术】

在销售过程中，顾客心存疑虑是一个共性的问题，如果不能正确解决，将会给导购人员的销售工作带来很大的阻力。因此，导购人员一定要努力打破这种被动的局面，善于接受并且巧妙地去化解顾客的顾虑，使顾客放心地去买自己想要的商品。

6. 顾客都有喜欢便宜的心理

每个顾客都有占便宜的心理。导购人员在销售过程中肯定经常听到顾客的抱怨："每次都在你们这里买这么多的衣服，应该给我一个特别折扣"。尤其是服装导购人员，就算你跟顾客讲的是最低价，顾客还是想让你给便宜一些。这就使所谓的占便宜的心理。

喜欢占便宜，是多数人的心理诉求，或者说是一种人之常情。尤其是女人，在价格上如果不能占到便宜，她们甚至拒绝购买商品。针对顾客爱占便宜的心理，有人做过这样的实验。

实验人员在大学的校园食堂为学生们提供两种包装的饮料，易拉罐包装的可口可乐，每听售价 3 元，另外提供一种用小纸杯盛放的散装本地汽水，每杯售价 1 元，然后实验人员记录学生们的选择情况。据实验统计，有 79% 的学生在午餐购买饮料时选择了品质更好的罐装可口可乐。只有 21% 的学生选择了那种虽然更便宜但看起来品质明显要差一些的杯装汽水。

第二组实验开始了，罐装可口可乐的价格降到了每罐2元，而杯装汽水为免费提供，对于经济效用而言，两者是完全相当的，学生们无论选择哪一种饮料，所节省的均是1元钱。但选择的结果却和上一次的统计发生了根本性的变化，超过90%的人选择了喝免费的杯装汽水，而放弃购买品质更好的可口可乐。仅仅是因为免费的缘故，让大部分人放弃了原来对品质的重视，而改为接受散装饮料。

再接着，罐装可乐的价格被调整为1.5元，纸杯装汽水仍然免费提供，这一次情形没有发生大的改变，大部分人仍然衷情于免费饮料，即便买罐装可乐所能得到的口感更好。

追求物美价廉是消费者内心真实的心理，而贪图便宜是顾客的本性。导购人员中经常流传着这样一句话："顾客要的不是便宜，而是要占了便宜的感觉；顾客不是要便宜的商品，而是要让他占了便宜的商品。"占便宜是一种心理上的感觉，导购人员要学会满足顾客的这种心理需求，让顾客有得利的感觉，这样对方自然容易购买你所推荐的商品。

销售的本质就是让顾客有一种占便宜的感觉，没有什么能够比优惠、便宜、免费更能够引起顾客的注意，激起顾客的兴趣。一名优秀的导购人员总是能够利用人们的这种心理，找出更好的由头卖出商品，最重要的是同时还让顾客感受觉得占到了便宜。

在销售过程中，导购人员要学会将产品的利益，用数字来具体说明，尽量不要用"节省""便宜""赚钱""降低成本"等这些笼统的概念来介绍产品，要用一些具体的数字。比如说，告诉顾客，我们这个产品便宜了，究竟便宜多少钱，也需要算笔账。这些清清楚楚、实实在在的几个数字就足以打动顾客。

"张先生，您算一算，我们第一年、第二年的贷款利率足足低了3%和2.15%。以您现在还有320万的余额计算，我们第一年就可以帮您省下10万元，第二年还能省6.48万元，两年加起来就已经帮您省了16.48万元。”

“我们净水机的价格是很经济合算的。您算一下，一般的品牌每半年就要换两支滤芯，每次收费5000元，5年就要5万元；而使用我们的机器，你5年才需要1.25万元。所以，我们机器的价格虽然贵了6000元，但是，这样算一算您还是省了3.75万元，不是吗？”

“便宜”是顾客把同类商品进行比较以后得出的一种自我判断，顾客不仅想要占便宜，还希望“独占便宜”，导购人员可以利用顾客这种想要独占便宜的心理，尽量满足顾客的这种心理，而不是一定非要通过低价来达成交易。比如，导购人员可以说：“今天刚开张，图个吉利，按进货价卖给你算了！”“这是最后一件了，按清仓价卖给你吧！”“马上就要下班了，一分钱不赚卖给你吧。”当你让顾客感觉到便宜都让他一个人独占了，一定会让顾客心动。

导购人员还可以通过向顾客赠送一些小礼物的方式来满足顾客爱占便宜的心理，导购人员可以说：“我想其实您也不是一定要打8折或者是9折，这样吧，我个人送您一个小礼物，或者给你拿个我们商场的赠品，这些赠品也值很多钱呢，一定让你物超所值，请您稍等。”

在这里，优惠就是导购人员用一些小利益换来大顾客的一种手段。不过在优惠的同时，导购人员还要向顾客传达这样一个信息：优惠并不是天天有，一定要抓住机会。如此一来，顾客的心理不仅有一种占到便宜的感觉，还会给顾客一种紧迫感，使得交易尽快完成。

【金牌导购战术】

导购人员在销售过程中，一定要经常利用悬殊差距或优惠政策来进行促销。但一定要注意方式和分寸，做到既要满足顾客喜欢占便宜的心理，又要确保顾客得到实实在在的实惠。这样才能与顾客之间保持一种长久的关系，实现互惠互利。

第四章 好的开场等于成交了一半——掌握漂亮的销售语言

好的开始就是成功的一半，假如你能在开场第一分钟就抓住顾客的注意力的话，那么生意也就做成了一半。要想吸引到顾客的注意力，导购人员必须掌握漂亮的销售话术，一开场就抓住顾客的心，引导他们顺利成交。

1. 找准成功的交际切入点

成功吸引顾客的注意力，导购首先要找准和顾客交际的切入点。如果切入得好，顺利成交的可能性就会大大增加。

台湾巨富陈永泰说过："聪明人都是透过别人的力量，去达到自己的目标。"导购和顾客交易关系的建立都是在交往过程中实现的。一个成功的导购人员需要在实践中不断磨练自己，尽量在导购最开始就很好地找到和顾客接触的适当的切入点。

(1) 让顾客感觉你的亲近

导购给顾客留下的第一印象是很重要的，因为一个人的第一印象给人的感觉是最深的。一个导购人员能不能得到顾客的喜爱，获得顾客的认同，关键就看导购人员能不能让顾客觉得亲近。

在产品介绍中，你可以刻意流露对顾客亲人的关心。任何人对关心自己亲人的人都不会有太多的抗拒，一旦发现有人对自己的亲人很关心，这会产生一种亲近的感觉。导购人员在和顾客接触的时候，如果能够以关心顾客亲人的方法作为和顾客交谈的切入点，这样就能拉近和顾客的距离，接下来的销售也就相对容易得多了。

此外，要为顾客提供必要的帮助。日常生活中，一般热情的人都能获得别人的好感，那些具有古道热肠、为人厚道、不吝啬的人总是能够获得大家的好评。在最初和顾客接触的时候，能够细心观察顾客的需要，提供让其满意的服务，也是销售时可以抓住的一个切入点。

(2) 能够满足顾客的心理需求

人们在与陌生人交往时，都有一个共同的心理，那就是本能地抗拒别人对自己的过分关心。抓住顾客的这个心理，避免过于热情，能防止在一开始就把顾客逼走。

当顾客走进店里，我们还不知道他们的需求是什么，最常做的就是用职业性的态度来接近顾客。一般情况下，导购人员会单刀直入地问顾客：“您好，您想看看什么产品？”

但是，大部分的顾客在选购商品的时候是不愿意被别人打扰的，这个时候顾客很有可能会说：“我只是随便看看。”遇到这样的情况，我们应该明白顾客在抗拒你的问候，最好的做法是停止更深一步的问询。

为此，我们应该真诚地对顾客说：“没关系，您可以慢慢看，如果有什么需要帮忙的，请随时叫我。”并且要注意一点，不能紧跟着顾客，也不能紧紧盯着顾客的一举一动，只要用视线的余光照顾到顾客就可以了。

这样，照顾到了顾客的心理需求，自然能够获得顾客的好感。接下来，再进一步的导购行为就很容易得到顾客的认可了。

（3）不失时机地介绍产品

导购人员和顾客交谈的目的不是通过聊天获得愉悦感，从而尽快把产品推销出去，而是帮助顾客购买商品，这才是导购肩负的职责。因此，导购在和顾客交流的时候，要始终围绕着眼前的产品说话，并随时想到顾客心里在想什么，及时提供准确的答案。

通常，顾客来到店里看商品，是购买需要促使的，所以顾客在购买商品之前，迫切需要知道这个商品的品质、性能、售后服务等信息。遇到这类目标明确的顾客，导购人员一定要想方设法介绍这方面的情况。

商品的信息包括款式、种类、试用方法、功能、原料、工艺等，让顾客全方位了解这些情况，他们就能在商品的展示过程中决定自己是否购买。如果商品的各方面情况符合他们的需求，自然能引起购买兴趣。

当然，单纯介绍商品特性，还不是打开话题的第一步，最好能鼓励顾客触摸、试用商品，这样才能充分调动顾客的多种感官，刺激顾客的购买欲望。

顾客购买商品之初和导购人员是素不相识的两个人，很容易在接触的时候产生本能地自我保护心理，导购人员只要多从顾客的角度思考问题，就能找到和顾客交际的准确的切入点。

【金牌导购战术】

找准成功的交际切入点是增进入际关系密切的基础。把握住顾客的心理，消除疑虑，投合兴趣，满足其情感需求，找到最能攻破客户心防的切入点，就可以顺藤而下，与客户建立良好的人际关系，实现业务的成功。

2. 如何说顾客才会听

没有好的口才，就无法成为一名优秀的导购人员。但是仅仅有一副好口才，也未必能够胜任导购工作。在日常工作中，关键在于学会怎么说话，从而赢得顾客的欢心，让他们在愿意倾听中产生购买意愿，达成销售目标。

不同的顾客有不同的需求，所以，没有一句话是适合所有顾客的。面对不同的顾客，导购要学会积累经验，清楚哪类顾客喜欢听哪种话，在开口推销的那一刻迅速对顾客做出正确判断，多说顾客愿意听的话。

在接近顾客的时候，要善于赞美对方，最大程度上博取他们的好感。从人性的角度看，每个人都希望能听到他人的赞美，即使是来自陌生人的吹捧。

导购人员用赞美的话来“讨好”顾客，在一定程度上是利用人的虚荣心，第一时间拉近彼此的距离。于是，挑战就来了，导购人员第一次接触特定的顾客，双方是不熟悉的，怎么说才能既不引起顾客的反感，又能拉近与对方的距离呢？在此，我们可以从最表层的东西入手，注意顾客的仪表就是其最需要注意的方面。

举一个简单的例子，有位小姐试穿了两套衣服，导购人员说：“我觉得两套您穿上都很好看，很搭配您的气质。连衣裙呢，您可以在周末休闲的时候穿，套裙呢，就很适合您这种白领在上班的时候穿。您可以考虑都买下来，这样还可以给您打个八折。”

这位小姐自然是满心的欢喜，一想到穿出来的效果，并且购买两件还有八折优惠，这点投资也不算什么，很愉快地就把两件衣服都买下来了。

俗话说“良言一句三冬暖”，你不经意流露出来的赞美之辞能够使顾客心情愉快，比如一句“您的包很特别，在哪里买的”，“您今天真精神”，“小朋友，长得好可爱（带小孩子的顾客）”，往往能让人很受用，并且会增加对你的好感，多说又何妨。

当然，在对顾客说好话的时候，一定要有一个真诚的态度，做到恰如其分，切忌虚情假意，以免引起顾客的反感。而赞美得当到位，顾客一般都会表示出相应的好感，从而乐于和你有进一步的交流。

除了赞美顾客，让对方愿意听你的推销话语，导购人员还可以扮演求教者的角色，以这样的方式满足顾客的自大心理，生意成交的几率就加大了。

扮演求教者是指导购人员请顾客帮忙，来解答疑难问题，从而接近顾客的方法。

导购人员：“先生，一看您就是见多识广的人，您看看这款产品，和您见过的老产品相比，我们卖的这款商品有哪些优势?”

顾客：“没错，我确实是这类商品的老用户了，看两眼就能看出商品与商品之间的差别。”

用这种求教的方式和顾客展开对话，主要就是利用顾客好为人师的特点。但是运用这种方法的时候，一定要注意对方擅长回答哪些问题，不能提问顾客不熟悉的事情，更不能把对方难倒，让对方陷入尴尬。此外还要注意，不能把话题一直限制在求教上，要及时将话题引到有利于促成交易的谈话中。

在导购中，往往会遇到虚荣的顾客，他们在和别人交往的时候喜欢表现自己，突出自己的重要性，不喜欢听别人的劝说，而且嫉妒心还比较重。要想使自己说的话让这类顾客愿意听，就要寻找对方熟悉并且感兴趣的话题，为顾客提供给发表高见的机会。

在整个推销过程中，导购人员不能表现得太突出，好像很懂得商品，要给对方机会发表观点，而且不能轻易反驳或打断顾客讲话，这样容易给人极力劝说的印象，引起顾客反感。一旦顾客不愿意听你说话，生意就无法继续做下去了。

当然，在导购中会遇到形形色色的顾客，并不是采用一种简单的方法就能把每类顾客都搞定，要学会在导购中积累经验，分析什么样的话适合特定的顾客，争取做到，不管遇到什么性格的顾客，都能一开口就抓住对方的心，从而在推销中成功。

【金牌导购战术】

如何甄别顾客并和顾客打交道，是每个导购人员必须学习的技能。导购人员对产品有了深入的研究，并且做好了心理准备后，就要学会“说话”。只说那些顾客愿意听的话，只说那些对顾客有效果的话，才能发挥口才魅力，俘获顾客的心。

3. 打招呼，没那么简单

导购人员每天要面对无数进出的顾客，其中可能有熟悉的老顾客，但主要还是陌生人。与不熟悉的人打招呼，会有心理上的隔阂，而成功把商品推销给对方，就显得难上加难了。因此，掌握沟通的技巧就很有必要了。

与陌生的顾客打招呼，实际上就是和对方套近乎，实现从陌生到熟悉，再到认同的过程。既然是套近乎，就要把自己的每一句话都说到对方的心坎上，时刻把握好对方的心理诉求是什么，让对方乐于做你的忠实听众。

具体来说，在和顾客打招呼的时候，一定要注意自己的礼仪风度。面对所有的顾客都一视同仁，不能给对方一种不卑不亢的感觉，同时呈现自己恭敬的一面。如果缺乏自信，或者趾高气扬，都会拒人于千里之外。千万不能小瞧打招呼套近乎的作用，这可以为你在导购工作中发挥意想不到的效果。

镇上有两个卖豆腐的人：王二和张三。这两个人年龄差不多，叫卖的声音也差不多。但是，两个人的生意却相差太多了。王二家的豆腐总是早早的卖完，而且每一次都比张三家的豆腐买得好。

刚刚开始的时候，两家的生意差不多，豆腐都是一样的白嫩，也都不缺斤少两。可是后来，慢慢的王二家的生意越来越红火，而张三家的生意越来越冷清。这是怎么回事呢？

原来，两个人虽然都是做豆腐生意，但王二却比张三更会和顾客套近乎。即使顾客不买豆腐，路过王二家的店门时，他也会上前打招呼，“马奶奶，好几天不见您了，您老身体还好吗？”“这小孩子长的真好看，像极了妈妈”，还会当着家长的面逗一逗孩子等，好像非常熟稔的样子。也就是说，在和每一个顾客打交道的时候，王二都会极力和对方套套近乎，拉拉关系，不管是否认识，他都能把自己的关心和问候奉上，从而赢得了好人缘，最终迎来了顾客迎门的局面。

时间久了，大家都成了王二的朋友，即使不想吃豆腐，也想听到他的声音。或者干脆买一点回家放在冰箱里。正是王二的每一句话里都充满了热情，才会使人心里感觉暖暖的。而张三呢，只会吆喝生意，却不懂得与顾客拉关系，套近乎，所以他的生意才会渐渐的惨淡下去。

在上面的故事中，王二与顾客打招呼的时候，通常都是很热情的，虽然说有套近乎的嫌疑，但是这不失为一种促进销售的好方法。

每一位从事导购工作的人，都想不断地提升自己的销售业绩。面对陌生的顾客，热情打招呼是少不了的，它能拉近彼此的距离，消除心里的隔阂，有助于双方进行深入地沟通与情感交流。换句话说，导购本身就代表了产品的形象，顾客对你印象好，自然也会把这种认同转移到产品上，从而下决心购买。

有的导购人员一开口就对商品进行大肆地推销，这样的招呼很容易引起顾客的厌烦，无疑这是一种失败的做法。只有先用招呼把顾客的心“套”住，才能为自己争取推销的机会。那么，怎样跟顾客打招呼才能吸引他们的注意力，并促成下一步的销售呢？

首先，要消除顾客被引诱购物的顾虑。在和顾客打招呼的时候，最好不要一上来就询问顾客需要什么商品，最好能委婉地询问顾客的需要。比如，“你好，先生（女士），请问我有什么可以帮助到你的吗”，“你有什么疑问需要我帮你解答的吗”等，这样的话会给顾客一个很好的服务印象，让顾客觉得你不是在推销，而是在为他（她）服务。

上面的打招呼方式一般是用于比较陌生的顾客，如果碰到熟悉的顾客，这样的打招呼方式还是不错的：“××，又过来买东西啊，不知道你需要什么？不如这样，我们现在有一款新产品，我觉得很适合你，现在有没有空，我来给你介绍啊！”

可见，虽然导购人员最后的工作重点是放在销售商品上，但是销售之前打招呼的工作同样不能忽视。

【金牌导购战术】

打招呼是拓展人脉的第一步，不管是面对熟悉还是不熟悉的顾客，怎么打招呼都是导购人员拓展局面的第一步，也是维护老客户的一套人情本事。最关键的一点是，要抓住顾客的心，建立信任、亲密的友谊。

4. 展示出你的亲和力

对导购人员来说，首先要明确自己的工作任务是把商品销售出去，但是如何保证顾客相信一位素不相识的人推荐的商品呢？为此，在和顾客接触的时候，导购人员必须充分展示自己的亲和力，俘获对方的心。

接近顾客是导购人员在销售中必须做好的第一件事。这种接近，既有空间上的，也有心理上的。在物理空间上走近顾客的时候，最好能保证自己不要和顾客距离太近，否则容易引起对方的紧张、焦虑感，也会在后面的导购工作中引发对方的抗拒心理。研究表明，周围的人离一个人太近，会让他产生很强的压迫感，对顾客来说就失去了良好的购物体验。

通常，我们可以选择在距离顾客还有三米的时候，就开始和对方打招呼。这样一来，顾客就不会有压迫感，同时又能展示出你的热情，赢得对方的好感。需要注意的是，和顾客打招呼的时候要露出自然的微笑，并且眼神始终与顾客保持交流，双方心领神会，拉近彼此的关系就水到渠成了。

除了在感情上给顾客亲近的感觉之外，还要在言语上尽量给顾客受用的体验。当顾客踏进店门的时候，有的导购人员喜欢应付式的说上一句“您好，请随便看看”。实际上，这句话就好比是代替了“欢迎光临”。但是，也正是这句“请随便看看”给顾客灌输了一种“看看就走”的潜意识，让顾客觉得这个店没有什么好商品值得仔细挑选。

所以，如果你习惯向顾客说“随便看看”的话，就要马上改正这种招待顾客的方式，因为这样顾客丝毫感觉不到你的热情与诚恳的态度。在顾客面前展示出你的亲和力，这其实涉及到个人的社交能力、口才技巧。有的人就是能在短时间内拉近与顾客的距离，有的人说话就是无法让人受用。不过，总有一些基本的原则可以遵循，下面就简单概括一下。

首先，导购人员要努力寻找和顾客的共同语言，有了共同语言，顾客自然会感觉你亲近。有一句话叫做“话不投机半句多”，多过半句了，下面就会接着说“不”了。为此，导购人员在销售过程中要尽量避免顾客说出“不”这种否定性的话，多让对方说“是”等肯定性的词语。

那么，如何寻找和顾客的共同语言呢？这需要导购人员在与顾客交流的时候，能迅速地掌握顾客的语言特点，比如常用的词汇、口头语等。导购也能用这些说话方式与对方交谈，自然能够拉近彼此的关系，给顾客亲切的感觉。比如，顾客提到“……射击造型很酷”，我们就能够用“十分酷的……射击表演……”找到和顾客的共同语言。这有助于我们和顾客进一步沟通，获取一见如故的最佳印象。

除了语言上的相似能给顾客一种强烈的亲和力之外，导购人员和顾客能够保持一种同步的状态，也能够让对方感受到彼此气场上的接近，以及思想上的共鸣。要想做到状态和顾客同步，导购人员的言谈、举止和心境，要做到在尽可能短的时间里和顾客达成一致。

一位养着宠物狗的女顾客带着她的小狗来到服装店，导购小张热情地迎了上去，看到顾客的狗马上判断出顾客是一位很喜欢狗的人，为了表现出自己的亲和力，小张蹲下来摸摸小狗的头，说：“哇。好可爱的小狗，真招人喜欢！”

女顾客一看有人这么喜欢自己的狗，自然是很自豪，于是也十分亲切地轻轻地拍了拍自家的小狗，对小张说：“你也喜欢小狗，爱护小动物的人都很善良。做导购很辛苦，这样吧，你把你们店里最新款的衣服给我介绍一下吧！”

接下来，小张就开始了自己的销售，整个过程女顾客不但对小张的介绍和建议没有反感，反而接纳了不少。最后买走了两件最新款的衣服。

正是小张表现出来的对小狗的喜爱，让女顾客认为小张也是一个爱护动物的人，小张的这种亲和力让女顾客少了几分戒备，多了几分信任，自然愿意听小张的介绍和建议。

显然，促成一笔买卖，需要在友好的氛围中完成。为此，导购人员在交流中，要让顾客自己发现你和他（她）有相似点，你就好比是顾客镜子中的自己一样。这样的亲和力，让顾客很难拒绝你给他（她）的推荐。

【金牌导购战术】

在顾客面前展现自己的亲和力，不管是在语言上还是行为状态上，做到和顾客同步的话，很容易就会获得顾客的认可，接下来的销售工作也就会容易一些。

5. 用强大的气场吸引对方

如何在导购工作中展现自己的强大气场，拉近自己和顾客的关系，相信是每个导购人员都会关心的问题。但是未必每个导购人员都懂得修炼个人气场，从而取得良好开局的道理。

有一些顾客看重品牌，并且对产品销售环节的服务质量也十分在意。在他们眼里，导购人员的形象在一定程度上代表了公司的产品服务质量和合作态度。因此，导购人员的谈吐、衣着和气质，这些因素构成的气场，会影响销售业绩。

那么，在日常工作中，导购人员如何培养强大的气场，从而提升销售业绩呢？

首先，要表现出坚定、可信的气质。在销售中，导购人员能够表现出值得信赖的特点，并且能够给顾客提供专业的服务，那么就能让顾客依赖你、信任你，更多受到你的观点影响。这种建立在理性基础上的认同，有助于导购人员“震慑”住对方，掌控整个销售局面。

导购人员在工作中处事慌乱、说话缺乏底气，以及唯唯诺诺的表现，都是缺乏自信的表现，不利于强大气场的建立，也无法赢得顾客的信任。

其次，要有一个良好的外表，强大的气场并不是只要求你有能言善辩的口才就能实现。外表光鲜、整洁，不但能给顾客愉悦的感觉，还能吸引对方与你主动沟通，从而有助于我们建立良好的形象。

这里所说的良好的外表，并不是指面容的漂亮，而是指服饰整洁得体，穿着和自己的身份还有销售的产品以及公司的形象都相符合。一般来说，男性导购人员穿着深色的正装是合适的，而女性导购人员穿着职业套装则是最恰当的。不过，销售休闲类商品的卖场导购，则要另当别论。

外表还包括很好的身体语言。身体语言包括握手、目光接触、交换名片等。比如在和顾客握手的时候，姿势应该是伸出一只手掌，力度要适中；在和顾客进行面谈的时候，目光不能到处游离，闪烁不定。

从内在的信念，到得体的外表，能有效帮助导购人员营造一种强大的气场，使顾客愿意跟你商讨关于商品的事情。需要注意的是，导购人员不能在气场上盖过顾客，要始终扮演好服务者的角色，让客户拥有上帝般的感觉。

汤姆有1.80米的身高，让很多人羡慕。但是在做导购工作，第一次推销时，却成了他失败的诱因。原来，当时汤姆离顾客的距离很近，只有0.5米，客户却只有1.65米的身高。尽管汤姆竭尽全力介绍自己的产品，力图唤起客户的兴趣，但是客户的面部表情却很难看，甚至不自觉地向后退。显然，这次销售没有成功。

后来，汤姆找到了销售主管，询问其中的缘由。了解了现场的情况以后，销售主管说："你感觉你的身高是优势吗？在和客户谈判的时候，你的身高让客户感觉很压抑，所以他根本没心思听你说话。我猜他当时恨不得马上离开你。记住，以后一定要和客户保持2米以上的距离！"

人与人之间的关系有时候很奇妙，最重要的是我们能够照顾到对方的感受，并用自己的诚意、气质感召对方，建立互信、友好的关系。对导购人员来说，强大的气场可以在瞬间俘获顾客，使对方对你的推销言听计从、果断下单。

【金牌导购战术】

如果一名导购人员能够有意识地塑造自己的气场，在销售过程中首先用自己的气场吸引顾客的注意力，并且注意气场不能太强，避免把顾客吓跑，那么他就是值得称道的顶尖导购高手了。气场是一种魔力，能够让顾客对你及你的产品产生兴趣，甘愿掏钱购买。

6. 开场报价别吓退顾客

以适当的价钱成交，不仅能够保证自己获得理想的利润，而且还能让顾客满意，这对导购和顾客来说是一种双赢。但是，在导购中报价的时候，如果开价过高把顾客吓退，那就连商谈的余地都没有了。

一般来说，当导购人员向顾客介绍说明商品的使用效果和基本特性之后，假如顾客对商品确实感兴趣，就会主动询问商品的价格；当顾客提出商品价格的时候，学会巧妙回答是制胜的关键。如果导购人员提出的价格超过了顾客的预期，即使对方真的对商品很感兴趣，也会选择放弃。

通常，如果顾客很早就提出商品价格的问题，导购人员最好应该尽量避免直接回答。因为在这个时候，你还不清楚顾客的经济承受能力，也不知道顾客问这个问题的真实用意。对于客户的提问，导购人员可以根据商品的质量、外观、型号等岔开话题，比如，你可以回答“这就看您选择质量处在哪个水平的商品的”，或者“这就取决于您选择哪个型号了”，然后尽快转移到介绍商品情况上来，并且能够从顾客的反应看出顾客是否真的有购买兴趣与经济实力。

经过这一环节，如果顾客还是坚持询问价格，那么就要立刻给出答案。为了不让顾客在价格上产生强烈反应，可以采用下面几种回答技巧。

第一种是直接回答商品的价格。顾客这个时候一再坚持询问商品价格，必定是对商品有很大的兴趣，并且已经产生了一种购买的欲望。但是仍然要注意不能把价格报得太虚，价格过高只会让顾客望而却步。

第二种是探探顾客的购买虚实，导购可以向顾客提问：“您真的想要吗”，“您需要哪一种”，“您需要多少呢”。这样的问题可以探听出顾客的经济承受能力，并且能够判断出顾客的购买数量是多少，等等，可谓一举两得。

既然在开始的时候不能定价过高，那么应该如何在报价中稳操胜券呢？

(1) 从顾客的预期价格出发报价

一般情况下，人们在购物之前都会给自己做一个大概的预算，或者对自己购买的商品有一个价值评估。如果在导购过程中从侧面探寻出顾客的预期价格，自然可以在准确报价的同时满足顾客的心理预期，提早成交。

因为当商品的售价比预期价格过高的时候，顾客会认为这是在搞欺诈，进而也就不敢做出购买的决定。另一方面，当商品的售价比顾客的预期价格低的时候，顾客又会对商品的质量产生怀疑，也不敢贸然购买。因此，探寻顾客的预期价格，据此对商品进行合理定价、准确报价，就成为促销成功的关键。通常，顾客的预期价格大多能反映市场上大广大消费者的心理，这其实为导购人员提供了科学决策的依据。

（2）设定商品的让利价格

所谓让利价格，就是把企业正常利润的一部分拿出来，通过降低商品的销售价格来让利于消费者。这样做，顾客就能花费相对较少的钱，买到同样质量的商品，从而在短期内扩大销量，取得薄利多销的效果。

让利价格能够促成交易，不仅仅是消费者能够占到便宜，还因为让利价格本身比其他同类商品更有竞争力，能够吸引更多顾客，从而聚集了人流，提升了商场的号召力，这对提升销售业绩意义重大。此外，较低的价格能够得到老顾客的光顾，体现企业或商家对老顾客的一片真诚，进一步增加他们的忠诚度，提升产品的美誉度。

（3）折扣价格是留住顾客的不二选择

顾客在购买某款商品时，如果因为感觉价格偏高而犹豫不决，导购最好能安排和高价格商品搭配购买，从而帮助顾客取得折扣的优惠。这样的折扣会让顾客感觉得了实惠，自然会对产品与商家产生认同与依赖，无形中又开发出了新的回头客，这对产品的长远发展是非常有利的。

【金牌导购战术】

高明的导购懂得顾客的心，在报价的时候总是小心翼翼，时刻照顾到顾客的感受。知己知彼，百战不殆，先了解顾客对价格的心理预期，再提出合适的报价，自然容易留住顾客，让他们完成最终的消费。

7. 推荐的话要诚恳地说

导购要做的工作就是根据顾客的需要推荐商品，一买一卖之间就有了利益关系。一方面，导购急于把公司的产品推荐给顾客，最好这样的产品是价高的，并且顾客能够负担的起；另一方面，顾客又倾向于相信自己的判断，唯恐自己被导购欺骗。这就涉及到导购如何向顾客推荐商品的问题。

任何时候，任何情境中，向顾客推荐商品，关键在于“诚恳”。只要导购能够诚恳地对待顾客，那么就一定容易获得对方的信任，你的各项促销建议也就容易被顾客接纳了。

在导购工作中，要让顾客感觉到导购的诚心诚意，需要在恰当的时间说恰当的话。如果导购不能从顾客的角度考虑问题，总是想着把商品卖出去，那么十有八九会推销失败。金牌导购对顾客提出的问题是很谨慎的，如果没有把握绝不轻易做出承诺。这种慎重的结果是，你说的每一句话，顾客都深信不疑，认为你是一个可靠的人。

具体来说，导购工作常见的形式是向顾客描述商品，让他们知道商品的各种性能，以及售后服务等问题。这是导购展现自己诚意的关键时机，在向顾客介绍商品的时候，只有针对顾客迫切希望了解的部分进行中肯的陈述，他们才会确立对导购的信任，进而产生浓厚的购买兴趣。

一个身材稍胖的女性顾客在服装店挑选衣服，在挑选的过程中，对导购给她推荐的服装，不断自言自语："这个穿起来会不会显得很胖呢?"导购人员一下子就明白了顾客的需要，于是就在众多商品里挑选了一件适合这位顾客的衣服。

导购人员把衣服拿到了这位女士面前，微笑着说："这位太太，您看这件衣服，它的款式设计非常特别，穿上去一点都看不出来是L号码的，反而能把你的腰身衬托得很苗条，要不要试试?"

女士听了导购的推荐，感觉正好符合自己的需要，而且这件衣服比自己前面看的几件衣服还要便宜，觉得这位导购不会故意引导自己花冤枉钱，于是就爽快地答应试试。结果试过之后穿着很合适，女士也有一种"正合我意"的感觉，交易很快就完成了。女士在临走的时候还感谢导购的推荐。

可见，只要能够从顾客的角度出发，就能发现顾客的真正所需，再加上自己诚恳的态度，导购给顾客推荐的商品就能很容易获得认可了。

但是还是有一些顾客，即使在购买过程中已经对商品有了全面的认识，对商品的品质各方面都很满意，始终不肯立即掏钱购买。这类顾客通常会把自己中意的商品和同类的商品做一个比较，或者干脆不知道该不该买。

这个时候，不能任由顾客自己比较，因为在一番比较之后，有的顾客会产生新的想法，甚至移情别恋，买卖就泡汤了。对此，导购要很诚恳地向顾客介绍这个商品的优点，给顾客提供一些实际的、有价值的建议，并且表明这只是出于对顾客的关心，没有逼迫顾客购买的意思。需要谨记的都是，这样的推荐和建议能帮助顾客做出购买的决定。

向顾客推荐商品，除了诚恳的态度外，还要注意抓住商品的特点，让顾客在最短的时间内了解商品的长处，从而吸引顾客决定购买。

【金牌导购战术】

顾客在购买商品的时候，一般是不愿意导购人员紧跟在后面提出各种建议的，这会给顾客带来很大压力。正确的做法是，导购人员要注意顾客的动作、表情，选择合适的时机进行推荐，并给出中肯、合理的建议。导购人员能够站在顾客的角度考虑问题，就已经成功了一半。

第五章 透过蛛丝马迹见机行事——积累丰富的察微技巧

一个优秀的导购，一定是通过看、听、说感官器官去层层递进的观察和了解顾客的真正需求。人的性格、性情会通过眼神、肢体语言、声调等各个方面来传递，从这些外在的、显性的、间接的语言来“读懂”顾客，猜透顾客的需求，走进顾客的心里，并通过自己的专业知识，向顾客进行恰当的推荐，从而让顾客觉得你是他的“知心朋友”，那么把商品卖出去就易如反掌了。

1. 眼神暴露顾客的内心机密

常言道，眼睛是心灵的窗户，“观其眼神，知其心机”。其实，与人进行沟通交流的时候，眼睛还是心灵语言的传达工具。通过眼神，能看出一个人的心理活动，思想动态，借着眼神，导购也可以传送感情。因此，导购在与顾客进行交谈的过程中，要善于同顾客进行目光的交流，这既是一种礼貌，又能在推销商品的过程中与顾客建立好感与可信度。

由眼及心，通过这扇心灵的窗户，可以看到窗户里面的“情景”。要想看到顾客的内心，导购就要学会察言观色，从顾客的眼神看出他们的心理活动，并随机应变，针对你所观察到的问题对症下药，化解顾客的怀疑和抵制情绪，以便赢得顾客的信任。

对导购人员来说，应该如何抓住顾客的眼神呢？让我们先来看一个案例，看看一个优秀的导购是如何做到巧妙抓住顾客的眼神。

一天下午，店里来了一男一女两个顾客，看他们漫不经心的样子，似乎并不是来买空调的，不过小王并没有因此而怠慢，而是走上前去与他们打招呼。

也许是因为小王的主动，顾客中的女性开始与小王交谈，小王对她既热情又不催促，顺着她一圈浏览下来，最后小王发现她的眼睛停留在××柜机上。于是就顺势说：“这是今年推出的最新款，功能最全的柜式空调。你可以看一下，准备在多大面积的房间使用我可以帮你参考一下。”

她说“我们家是新楼，想趁装修把空调装上，不知什么样的好些，你给介绍一下吧。”听她这么说，小王更加热情主动的给他们介绍，从外观设计到内在品质。在听完小王详细的介绍后，女主人对男主人说："咱们就买这个吧。"小王看到了男主人肯定的眼神，于是小王抓住这个机会说，"我再帮你们选两台挂机好吗?"接着，根据房间面积小王又为他们推荐了××型号。

最后，他们说明天或者后天安装，到时再来办手续。这时小王看他们的眼神没有改变主意的意思，于是就装作不紧不慢地说："你们家那么远，为了不让你跑第二趟，可以先垫付，第二天我再去您家拿，你看这样行吗?"他们一听觉得不好意思，二话不说就递给小王2000元定金。等办完手续送他们时，夫妻俩都笑盈盈地表示感谢。

在上面例子中，顾客就是导购人员主动争取来的，其运用一些眼神观察的技巧，成功地做成了一笔生意。事实上，导购在销售过程中，总是会遇到各种各样的客户，他们并不总是那么幸运能够碰到案例中那么友好的顾客。导购人员有时会遭到客户的冷眼、歧视，当然有时也会遇到顾客理解、支持、鼓励、称赞的眼神。但作为导购，无论遇到什么样的眼神，都应该做到从容应对。

在人的五官之中，眼睛是最敏锐也是最不能欺骗人的，一个闪烁的眼神，就能体现你的心理活动。而那些会读心术的人，能抓住他人眼神中点点滴滴的信号。一个人的心理活动表现的最为显著，最难掩饰的就是眼神。

正因为眼神的伪装很难做到，因此导购人员要善于分析各种眼神背后的机密。一般情况下，顾客的眼神有以下几种类型：

（1）怀疑性的眼神

大多数人对导购人员都持怀疑态度，因而他们看导购的眼神就会充满不信任。顾客在购买商品时总是特别谨慎，一旦导购提供的信息没有足够的说服力，就容易引起顾客的怀疑。如果顾客的眉头微皱，眼睛的瞳孔变小，就会透露出怀疑的眼神。

（2）友好柔和的眼神

拥有这种眼神的顾客是善良的、真诚的，对人很少有戒心。他们在面对导购人员时，总是会眉眼含笑，嘴角也有笑意，表现出对人的热情和好感。这样的顾客是导购人员最喜欢的，即使生意谈不成，也会愉快地离开。

（3）沉静型的眼神

拥有这种眼神的顾客，其眼睛的瞳孔总是保持自然状态，眼皮不动，冷静地看着导购人员。这说明他们对导购推销的商品或者话题根本不感兴趣。这样的顾客一般是见多识广，很有主见，很沉着，不会被导购人员天花乱坠的说辞所迷惑。对待这种顾客，一定要用真诚的服务和优秀的商品品质来打动他们。

（4）好奇型的眼神

如果导购推销的商品有许多有趣的地方，那么，顾客的眼睛瞳孔就会放大，眼皮抬高，盯着导购人员或者商品仔细地看，表现出极大的兴趣。

比如，有的商品有着新奇的功能，而且在制作工艺上很有技巧性，如果顾客之前没有见过这样的商品，就会被商品的新奇性所吸引，并表现出惊讶。这时，他们的瞳孔会变大，嘴巴微微张开。如果导购能够不失时机地加以有效的引导，那么，顾客一定会购买此类商品。

总之，眼睛是一扇窗户，可以通过这扇窗户来了解外面的世界，而作为导购，就可以通过眼神来了解你的顾客，反过来，顾客也会通过导购人员的眼神作出相应的反应。不坚定、躲闪的眼神，反映了你说话不真实，这对于一个优秀导购来说是一大弊端。因此，不仅要能看懂顾客的眼神，同时还要训练自己的眼神，让眼神帮助自己提升业绩。

【金牌导购战术】

针对不同的顾客所表现出的不同眼神，导购人员要学会从中获得顾客内心情感的准确信息，看顾客的眼色行事，从而把握顾客的心理。

在实际的销售过程中，具体问题具体分析，多观察，多锻炼，克服不利因素，获得顾客的信任，促进交易的顺利达成。

2. 视线投射的方向大有深意

通过观察一个人的眼睛，可以了解顾客的内心变化。而人的视线活动方式，也反映着人的心态，仅仅是一个人视线投射的方向都可以反映其内心的变化。导购人员通过仔细观察客户视线投射的方向，可以改变自己的说话方式或是肢体语言，反过来影响顾客，从而促进交易的达成。

一位名叫詹姆士·薛农的建筑家，曾经画过一幅皱着眉头的眼睛抽象画，先后悬挂在几家商店前，其原意是想借此减少偷窃行为。果然，在悬挂期间，偷窃率大大减少。虽然不是真正的眼睛，但对那些做贼心虚的人来说，却构成了威胁。他们极力想避开该视线，以免有被盯梢的感觉，因此不敢进商店内，即使走进商店里，也不敢行窃了。

一个人的视线可以从不同角度和不同的观点来理解。其一，对方是否在看着自己，这是关键。其二，对方的视线是如何活动的。对方直盯着自己，或视线一接触马上撇开，其心理状态是迥然不同的。其三，视线的方向如何，也就是观察对方是否以正眼看着自己，或以斜眼瞪着自己。其四，视线的位置如何，这需要观察对方究竟是由上往下看，或者是由下往上看等。其五，视线的集中程度。这是指观察对方是专心一致在看自己，还是视线飘渺，不知在看什么地方等。这些视线的投射方向所代表的意义都是各不相同的。

一般认为，初次见面时，先移开视线者，其性格较为主动。另外，谈话中，有意处于优势地位的人，认为一个人是否能站在上风，在最初的 30 秒即能决定。当视线接触时，先移开眼光的人就是胜利者。相反，因对方移开视线而耿耿于怀的人，就可能胡思乱想，以为对方对自己有意见或是嫌弃自己，因此，在无形中对对方的视线有了戒心，而完全受对方的牵制。正因为如此，对于初次见面就不集中视线跟你谈话的对象，应特别小心对付。

导购人员在促销过程中，遇到注意力不集中的顾客时，应该多通过一些方式来引起对方的注意，把对方的目光吸引到眼前的商品上来。当然，有时会有这样一些顾客，他们视线投射的方向并不是故意表现出来的，而是性格使然。

美国的比较心理学家理查·科斯曾做过一个实验，让患有强度“自闭症”的儿童与陌生的成年人见面，以观测他面对成年人的时间的长度。将成年人的眼睛蒙起与不蒙的两种情况相比较，发现儿童注视前者的时间，居然为后者的三倍。这就是说，双方眼光一接触，儿童会立刻移开视线。由此可知，性格内向的人，大都无法一直注视对方。

因此可以断定，当导购人员所面对的顾客一直不敢跟你进行眼光接触交流时，一定要积极热情地招呼对方，因为很有可能他只是因为性格内向而没有很好地表达自己内心的想法，但这并不代表他不会购买商品。也许只要你更加热情一点，更加有耐心一点，就可以打开他的心扉。

从身体语言学角度来说，把视线投向远方是正在思考当前话题以外的其他事情的表现。这是因为当人们走神或是想不利于对方的事情时，不愿意让自己的视线保持与对方直接接触的状态，因而会下意识地把目光偏离对方的眼睛，以防对方看透自己的心理。所以，当导购人员遇到这样的顾客时，要考虑到对方的感受，他也许正在内心里盘算是否可以达成协议，实现合作。这就需要导购人员给他一些时间，这时可以说一些并非关键性的话，来给对方一些思考的时间。

在促销谈判过程中，导购人员只有善于捕捉顾客视线所传达出来的信息，并想办法积极应对，就能够使接下来的谈话得心应手。那么，导购人员该如何理解顾客视线所传达出来的信息呢？

（1）顾客视线停留在你的两眼与胸部之间的三角形区域

在一般情况下，能够直视这样区域的顾客在情感上大多与你非常契合。也就是说，他对你的认同感很好。在销售活动中，我们一定要善加利用这种认同感。

（2）顾客视线停留在你的双眼与嘴部之间的三角形区域

如果导购人员仔细回想，就会发现，当你与并不是很熟悉的交际对象做正常的交流时，你的视线一般会落在这个区域。所以，当顾客这样做时，你就可以认定对方有交易的诚意，但最后是否能够成功交易，还需要你自己去争取。

（3）顾客的视线停留在你前额的一个三角形区域

这种注视方法往往会让人产生特别郑重的感觉。如果顾客这样看着导购人员，就说明他有很严肃的事情要和你谈。如果是在谈判过程中，那么你们交涉的内容就已经逼近谈判核心了。

（4）顾客视线有百分之六十以上的时间直视着你

在与顾客谈判时，如果发现顾客视线有百分之六十以上的时间直视着你，就说明顾客对你的话题或对你本人非常感兴趣。

【金牌导购战术】

导购人员在与顾客的沟通交流中，一定要精神高度集中，认真观察，仔细判断，透过顾客所反映出来的不同信息来准确地了解顾客的心理，并且及时应对，抓住谈判的主动权，从而达到成功交易的目的。

3. “声调”吐露顾客的真个性

一个优秀的导购人员总是使自己的声调、音量、节奏与顾客相符，有时甚至是身体姿势、呼吸等也无意识地与顾客一致，这也说明了人类具有相信“自己人”的倾向。

有的顾客虽然不会明确透露自己的购买意图，无论导购人员怎么追问，他都能死守自己的防线，完全按照自己的计划展开购买过程。这个时候，导购人员就要学会通过顾客“无声”的信息来判断顾客到底需要什么。

正如心理学家哈斯所说：“一个造酒厂的老板可以告诉你为什么一种啤酒比另一种好，但你的朋友，不管是知识渊博的，还是学识疏浅的，却可能对你选择哪一种啤酒具有更大的影响。”

俗话说“听话听音，浇树浇根”，意思就是，在与人沟通交流的时候，一定要透过现象看本质，能够抓住顾客所表达的真实含义。对导购人员来说，要学会在顾客的声调中捕捉顾客的真实意图。

在推销过程中，聪明的导购人员总是能够通过顾客的声调，来了解这个人的性格特征。只有抓住了对方的特点，才能为你导购成功打下一个好的基础。

不同的声调彰显不同的性格特征，导购人员需要选择不同的推销办法。以下总结了一些不同声调的客户类型，以供导购人员了解掌握。

(1) 声音沙哑的顾客

声音沙哑的男性往往具有极强的行动能力和耐力。他们富于冒险精神，不怕挫折，而且越挫越勇，有一股不达目的誓不罢休的韧性。其缺点是有些霸道，自以为是。

声音沙哑的女性往往外柔内刚，对色彩比较敏感，在服饰的搭配方面尤为内行。她们往往很会伪装，表面上对别人礼貌周到，实际上是在逢场作戏，从不轻易表现出自己的真心，让人难以捉摸。

（2）根据对象改变声音的顾客

这类顾客属于八面玲珑的人，他们通常是见什么人说什么话。他们的忍耐性很强，但是喜欢把在上司那里受到的压抑转嫁给下属、公共场所或家里的人。他们习惯于跟下属耍威风，去商店买东西，会对营业员提出无理的要求，自卑感和攻击性都很强。

（3）低声细气的顾客

这样的顾客为人处世比较小心谨慎，警惕性很强，常常有意或无意地跟别人保持一定的距离。他们性格内向、腼腆，优柔寡断，缺乏自信，从不轻易透露自己的深层想法。他们对人宽容，从不为难他人，尽量避免麻烦的发生。

（4）语气刚毅坚强的顾客

这样的顾客胸怀坦荡，做事光明磊落，讲原则，善恶分明。他们当中大多人是领导，并且能够有所成就。不过，他们不善变通，比较顽固，从来不给人商量的余地。

（5）语气温和而沉稳的顾客

这样的顾客往往具有长者风度。导购人员与这样的客户交流时，刚开始可能会觉得有些困难，但时间长了就能感觉到他们的忠诚、可靠。

（6）经常唉声叹气的顾客

这样的顾客心里比较自卑，心理承受能力差，遇到失败后，往往沮丧颓废，甚至一蹶不振。他们经常抱怨自己的不幸，但又不从自己身上找原因，经常把失败的原因归结到外界因素上，以此来安慰自己。

（7）声音娇滴滴的顾客

这样的顾客说起话来嗲声嗲气，有一种希望能得到大家的喜欢和爱护的心理，往往心浮气躁，善于编造谎言。但是由于过多希望博得他人好感反而招人厌恶。这种人对待女性非常含蓄，绝不会主动发起攻势。若是一对一地和女性谈话时，会很紧张。因此，他们在别人眼中会显得优柔寡断，做事不干脆，没有什么魄力。

（8）语气凝重深沉的顾客

如果是男性，他们大多思想比较成熟，具有很强的责任心。一般来说，他们的学识都很高，对世道人心的把握很熟练，争强好胜，什么都要争。

（9）语气浮躁的顾客

这样的顾客往往脾气暴躁、易怒。做事鲁莽，容易感情用事，同时又缺乏周密的思考，缺乏耐性，急于求成，很难成就什么大事。

（10）语气圆通和缓的顾客

这样的顾客心地善良，性情开朗，为人豁达，待人热情、真诚，具有同情心和包容心。在交际方面，能够八面玲珑，不太容易得罪人。虽然他们接受新鲜事物的能力不强，但一般会持理解的态度。

总之，不同的声调代表不同的性格心理特色，导购人员在与客户交谈的过程中，只要善加辨别，就能轻松掌控其真实个性。这将对自己的推销工作大有帮助。

【金牌导购战术】

不同性格的人有不同的声调，同一个人在不同场合、不同状态下也会有不同的音调，只要导购人员多观察，多分析，就能够熟练掌握不同的声调所代表的不同含义，最重要的是巧妙地运用到推销工作中，使自己的销售业绩不断攀升。

4. 从“讲话方式”看个性

从讲话方式看性格，是心理学上所谓的“行为心理”，表示肢体动作会反映出一个人的潜在性格。由于人们的性格、文化背景、工作经历、社会地位和所处环境的不同等都会导致人们不同的个性行为和沟通风格。

事实证明，越是善于聆听顾客讲话的导购人员，推销成功的可能性就越大。因为，他们总能从顾客讲话的方式上去判断顾客的性格类型，再根据不同的性格采取不同的推销方式，从而使彼此之间的交易能够顺利进行。

导购人员想更多地了解自己的顾客，不妨从顾客的讲话方式入手，在沟通交流中，一定要做一个有心人，从顾客的讲话方式分析出他的性格。

当导购人员遇到比较“能说”的顾客时，往往插不上话。顾客滔滔不绝，基本上没有导购人员说话的份，他们貌似知道的比导购人员还要多，面对这样的顾客，导购人员应该要如何应对呢?

“您的讲话真是太有意思了，我收获很大，您看我把时间都忘了。我希望下一次来能再与您长谈。”导购人员这么讲，一方面告诉顾客我确实是喜欢听下去，您是一个很重要、很有趣的人，另一方面强调我还有别的事情要去办，很遗憾不能继续听您谈下去，如果再有机会与您交谈，那将是我的荣幸。

当然，说这番话，表达这种意思的时机很重要。一般的规律是，顾客吸气时就表示谈话到一个段落了，而当顾客吐气时，很可能就表示要讲话了。如果一不小心弄错了，就很容易引起顾客的不快。要使自己成为一个优秀的导购人员，就要经常在实践中积累经验，增强推销工作中“时间就是金钱，时间就是效益”的观念。

而面对沉默寡言的顾客，导购人员又应该如何应对呢？这些沉默寡言的顾客与滔滔不绝的顾客恰好相反，他们老成稳重，从容不迫，对导购人员的讲解虽然是认真倾听，但是反应很冷淡，不轻易谈自己的想法，他们内心的感受和评价，令导购人员难以揣测。

通常情况下，一些挑剔性的顾客疑心都比较重，一向不信任导购人员，片面地认为导购人员只会夸张地介绍自己的产品优点，尽可能地掩饰缺点和不足。

在与这类顾客打交道时，导购人员要善于采取迂回的战术，先与他交锋几个回合，但必须适可而止，最后故意宣布“投降”，假装战败而退下阵来，心服口服地宣称对方高见，并称赞对方独具慧眼、体察入微，让其吹毛求疵的心态发泄之后，再转入推销的论题。身处这种场合，导购人员一定要注意满足对方争强好胜的习惯，请其批评指教，发表他的意见和看法。

【金牌导购战术】

不同性格的人，讲话方式也会不同。聪明的导购人员总能够耐心地倾听客户的谈话，从他讲话的方式上判断其性格特征，然后根据其性格选择不同的推销方式，调整推销策略。由于导购人员做到了“知己知彼”，所以接下来的推销就能够得心应手了。

5. 注意与手相关的小动作

人人说话时手上都会做点小动作，这些小动作也能透露出一个人的性格。美国《肢体财富》中列举了最常见的5种手部动作，导购人员可以牢记于心。

（1）说话时不时地用手遮住嘴巴

通常，这类人心性懦弱、内向拘谨，无法与人分享内心的秘密。另外，有些女人喜欢用手背遮住嘴，表示她对面前的人有好感，但倘若这个动作频频出现在男人身上，则表明他有点“娘娘腔”。

（2）说话时用手摸鼻子

说话时不断摸鼻子，就可能在撒谎。人在撒谎时鼻部组织会充血而膨胀扩大，说谎者会因鼻子发痒而不断触摸。

（3）说话时用手摸眼睛

有统计发现，一般人每小时至少摸一次眼睛。如果说话时不断摸眼睛，有两个意思，一是感到很疲乏；二是不同意对方的观点，想要发表意见。

（4）说话时抓头发或摸耳朵

说话时喜欢这样做的人通常心思超级细腻，甚至有些敏感。有时别人认为是鸡毛蒜皮的小事，在他们看来就是大事。

（5）说话时手指放在两唇间

这可能说明他在一边仔细思考一边说话，而不是信口开河。

与手相关的小动作会暴露顾客的心理活动，或者他们的性格特点。导购人员在促销过程中把握好这些细节，可以在准确掌握顾客心理的基础上出牌。

一名保险公司的导购人员向一位客户推销他们的保险业务，他很有礼貌地说：“张总，您好！”客户也礼貌地回应一句：“你好！”

导购人员说：“我是××保险公司的导购人员，最近，我们公司推出了一种新的保险业务，您一定会感兴趣的。”

客户一边将双手放在胸前，一边说：“是吗？那你给我介绍一下这项保险的优点吧！”

导购人员看到客户要听他介绍心中很是高兴，连忙说：“这项保险主要是针对小孩的教育，您家的小孩只要入了这个保险，每月向我们公司缴纳二百元的保险费，连续交十年，那么，从第三年开始就能每月分得一百元的红利。十年之后，保险公司还能把这笔钱还给您。”

客户听了以后，摸了摸自己的鼻子说：“这个保险听起来倒是很不错。”

导购人员赶紧补充说道：“是啊，只要入了这种保险，小孩将来的教育就不用愁了。”

客户于是说：“让我在考虑一下，明天再给你回话吧！”

从上面导购人员与客户的对话来看，这笔生意好像能顺利地达成。可是，这位导购人员最后并没有攻下这位客户，拿到这笔单子。这是为什么呢？是导购人员介绍不到位吗？还是这个保险业务并不是那么吸引人？也许都不是，关键在于导购人员并没有把握住客户通过手部动作反映出来的信息，没有及时地调整自己的说话方式。

有时候，导购人员对顾客所说的话摸不着头脑，不知道他们的话是真是假。对此，导购人员可以通过观察顾客那些与手有关的小动作，判断他们的意图。因为无论顾客怎么说“谎”，他们下意识的小动作总是能够反映其性格。接下来就为导购人员提供一些从顾客手势中透露出来的“谎言”。

(1) 不时地拉耳垂

有些人在谈话时爱拉自己的耳垂，当导购人员遇到这种情况时，就要想到对方有可能不想听你一个人说个没完，想打断你的谈话，自己发表意见。听话时拉耳垂其实是一种下意识的反抗。因而此时导购人员就应该适当地调整自己的谈话节奏，给对方说话的机会，把对方摆在重要的位置，否则就会喧宾夺主，不知不觉中失掉自己的潜在顾客。

(2) 抓挠脖子

当导购人员在与顾客进行交流的过程中，顾客不时地用手指抓挠自己的脖子，那就表明顾客心存疑惑或不确定。当你发现，顾客的口头语言与他不经意间所表现出来的手势不同时，矛盾就会出现。例如，顾客说“我非常喜欢你们家的产品”，但同时他还不断地抓挠自己的脖子，那么，导购人员基本上就可以确定，事实上他并不喜欢该商品。

(3) 将手指放在嘴唇之间

一般情况下，我们都认为用手接触嘴唇的动作都与撒谎和欺骗有关，但是将手指放在嘴唇之间的手势却只是内心需要安全感的一种外在表现。所以，当导购人员看到你的顾客做出这个手势时，就要及时地给予他承诺和保障，消除他心中的顾虑。

不同性格的人，他们的行为模式完全是不一样的。下意识的行为模式，不仅可以看出一个人的内在性格特点，还可以了解对方微妙的心理变化。因此，导购人员在与顾客进行交谈时，要想将对方说动，不但要注意自己的谈话方式，还要观察与揣摩对方的听话方式，看对方的听话态度如何，留心对方的表情与举动，看对方是否在认真听你说话，又或者他们的言语是否与他们的内心是矛盾的。每一个导购人员，都应该是一个善于观察、思维缜密的人，能够见微知著，通过观察对方的动作来摸清客户的心思，从而对症下药，达成交易。

【金牌导购战术】

很多时候，当顾客对你的产品不感兴趣时，他们不会当面拒绝你，通过拖延时间或者顾左右而言他，总之他们总是装作喜欢你的产品来敷衍你，以便让你尽快离开。由于顾客并非通过语言来逐客，因而他通常会借助于手势来掩饰自己的这种心理。如果导购人员掌握了观察这些手势的技巧，就能够很好的推销产品。

6. “看热闹”的顾客未必是在“随便逛逛”

通常，顾客在消费目的上大致可以分为两类：一种是买东西“看门道”的顾客，一种是不买东西“看热闹”的顾客。显然，导购人员不爱主动热情地去奔向“看热闹”的顾客，认为他们并没有消费的打算，只是随便看看，没有必要来花功夫去介绍产品。

其实不然，那些取得不俗业绩的导购人员之所以成功，在很大程度上是因为他们牢牢抓住了“看热闹”的客户，通过自己的技巧方式，成功地与这些人达成了交易。

“看热闹”的顾客，可能暂时没有购买的需求，但被琳琅满目的商品所吸引，随便了解一下有关商品信息，为日后的购买选择提供帮助。所以“看热闹”的顾客，未必是在“随便逛逛”。

导购不要轻视和怠慢这类顾客，如果导购处理得好，会为日后这些看热闹的顾客转为购买型顾客创造极大的条件。相反如果处理的不好，给顾客留下怠慢、服务不周的印象，他们就很有可能永远不购买你的产品，甚至会给商品带来负面的宣传。

“看热闹”的顾客大多只想自己先了解产品、熟悉产品，最怕导购人员像贴身保镖一样黏在身上。与其说是在为顾客服务，倒不如说是在监视顾客。如果导购用这样的服务方式去对待他们，顾客就会觉得浑身不自在，稍微逛一下就会匆匆离开。

所以，导购人员在接待这些顾客时，最重要的就是给与他们提供“随便看看”的环境，不要急于干扰。顾客进店，只需要热情打好招呼之后，就可以让他们自由欣赏了。当然导购必须要在一旁做一些辅助性的工作，比如整理一下货品，这都是为了在顾客想要进一步了解商品时，导购能够及时的做出解答，避免顾客无人咨询的尴尬。同时注意避开“您要买点什么?”“您需要什么?”之类的问题，这会让顾客感觉到压力。下面我们看这样一个情景案例：

导购：您好！欢迎您光临本店。

顾客：你好！

导购：我是专卖店的×××，很高兴能够为您服务，请问有什么可以帮到您？

顾客：哦，不需要了，我自己随便看看吧！

导购：好的，您慢慢看，我们品牌创立于××年，有很长的时间历史，曾多年被授予“消费者最喜爱的品牌”，欢迎您慢慢欣赏。先生我就不打扰您了，有需要帮忙的您尽管说！

顾客：好的，谢谢！

（在大约给出顾客独自浏览十几分钟后，如果观察到顾客在某产品前停留了很长时间，并拿下样品仔细观看，这时导购就可以找一个工作借口，上前试探、询问）

导购：先生，有需要我帮忙的吗？有没有自己比较喜欢的？

顾客：这款卖多少钱？

导购：这款啊，这款绒毛墙纸产品采用欧式意大利深压纹技术，4条雕花线、3条印花线高度严谨的工艺，有着一种强烈的纹理感和质感，看起来经典、时尚，给人辉煌、尊贵的视觉品位，所以一上市就非常受消费者的欢迎，您真的是很有艺术眼光！

顾客：哦，的确不错，挺漂亮的！

但现实中，可能会遇到这样的情况，有的消费者会说“没有什么感兴趣的产品”，这时导购应该怎么做呢？

顾客：还没有发现比较喜欢的。

导购：是的，为了满足越来越多顾客的个性化需求，我们设计了越来越多款式的产品来满足顾客的个性化需求，有“意大利迪奥罗瑞系列”107款产品和“金莱时使比伦系列”61款产品，总共168个品种。所以，这么一眼看过去是会眼花缭乱的。不如我选择一些您喜欢的，又适合您的给您重点介绍一下，这样也可以节省您宝贵的时间，不知您对选择墙纸产品有什么特殊要求？

当此时顾客依然没有选好自己喜欢的商品时，在他要离开时，导购可以这样说：“来，先生，送您一本我们公司的产品手册，里面有很详细的产品介绍。这么精美的画册，看起来也是一种享受！您刚才了解的产品我特别作了备注，方便您回去选择、比较。另外，我将我的名片订在产品手册上了，如果您有什么需要我帮助的，欢迎您随时给我电话，我手机24小时为您开机。非常高兴今天能够结识您并能够为您服务！”

不久以后，这位顾客就又重新来到该专卖店，购买了很多商品，其中不乏有导购为其推荐的一款。

所以说，“看热闹”的顾客并非“随便看看”，导购也不要“随便对待”。面对看热闹的顾客，不要误认为现在所做的一切都是无用功，是自找麻烦。优秀的导购就会十分注重平时的顾客培养，毕竟短时间内就达成交易的顾客，在如今这个商品日益丰富的时代已经越来越少了，大多数顾客都是在经过货比三家后才做决定的。请牢记，导购的服务也是顾客购买商品的一大考虑因素。

【金牌导购战术】

顾客需要的是贴心服务，而不是“贴身服务”。对于那些“看热闹”的顾客，导购千万不要轻视和怠慢。因为你的热情服务一定会在无形中为该商品加分不少，给顾客留下好印象，就会把这些看热闹的顾客发展成为购买性顾客。

7. “看门道”的顾客应该如何接待

“看门道”的顾客多是回头客，他们可能由前期看热闹的顾客转变而来，或者一开始就有购买需求，有的顾客由于自己对产品比较内行，或者有直接的购买目的，而且因为看得多了，就会显得比较专业，因而这样的顾客在和导购进行沟通中可能会比较挑剔，问的问题不但专业，甚至比较刁、比较偏。导购对待这类顾客时，千万不要因为他们过分挑剔而不耐烦，要站在如何为顾客挑选称心如意的商品角度，通过为顾客出谋划策的方式，尽可能给予全面、周到的专业服务。

(1) “看门道”顾客中，有这样一类顾客，在购买的语言上往往会直接指定所需产品的具体要求和标准。如果此时恰好产品中有符合顾客要求和标准的，当然是皆大欢喜，销售往往很容易成功，交易很容易达成。

但是当产品中并没有完全符合顾客的要求和标准，导购该怎么办呢？下面就列举同一情况下，三个导购不同营销策略的案例，来分析对比其应对方式的利与弊。

案例一：

顾客：有没有这款机型，但是颜色要蓝色的？

导购1：没有蓝色的。这种黑色的多大气呀！买的人不少呢！

这属于直接否定顾客，并且有讽刺嘲讽顾客没眼光的潜台词在里面，这就马上把顾客的购买欲望扼杀了。导购相当于是主动放弃了可能进一步销售的机会。

案例二：

顾客：有没有这款机型，但是颜色要蓝色的？

导购2：这款机型我们没有蓝色的。但我们有好多种颜色供您选择的，您也可以看看呀！

顾客：那算了吧。

该导购虽然直接否定了顾客的需求，但还懂得适当引导，有一定的主动意识去引导顾客。但这种引导显得很初级，丝毫改变不了顾客的决定，于是导购也就丢弃了仍然存在的销售机会。

案例三：

顾客：有没有这款机型，但是颜色要蓝色的？

导购3：哦，先生喜欢蓝色，蓝色显得既干净又淡定，我也很喜欢蓝色，看来先生很有审美品位。只是您看中的这款机型不知道什么原因厂家没有生产蓝色的，还是很遗憾的。

顾客：哦，没有蓝色的呀？厂家也不搞搞市场调研，消费者喜欢的他们也不生产！

导购3：是的呀，这款手机轻灵优雅，的确很棒。并且和您知性、儒雅的气质很相近！

顾客：那也没有用呀，又没有我喜欢的蓝色。

导购3：嗯，先生，我觉得这款蓝黑色的，也比较接近您喜欢的蓝色。虽然它不是纯蓝色，但仔细看还是能够看出黑金刚色中隐约透出的幽幽宝石蓝。这种蓝黑看起来还多了些神秘色彩，外观有一种低调的深沉，更经典，也很符合您所追求的品位感！

顾客：是吗？我看看！

经过前面的认同、赞美后，逐步把顾客的需求引导调整到和顾客原来的需求有一定类似的产品上来。核心是用品位感的产品，来替代顾客原来具体要求的产品，把顾客的需求提升拉高，高明地将原来顾客对颜色的具体需求，成功引导提升到品位感这一更高、更大的需求上来。顾客的需求放大了，选择的余地自然也就更多了。

通过这三个案例，很明显导购3的处理方式更能够走进顾客的心里。所以千万不要因为没有顾客合适的产品就轻易放弃销售，要学会把顾客的需求提升拉高，逐步将顾客的需求放大，选择的余地自然就更多，成交的可能性就更大了。

（2）“看门道”的顾客中，还有这样一些顾客，他们马上就需要购买产品，但可能对将要购买的产品，暂时还没有明确的标准。他们并不会直接指定所需产品的具体要求和标准，往往会模棱两可，要求比较大而空。

案例：

顾客：你们的瓷砖品种好多呀，真的像掉到了瓷砖的海洋，进来就找不着北了！

导购：就是，因为选择我们瓷砖的顾客越来越多，所以公司也就不断推出新品来满足消费者日益高涨的购买需求。来，大姐，先坐下来休息休息，喝口水。一会我再根据您的具体要求，给您作重点推荐，您一定不会找不着北了。来，大姐您这边请！大姐今天想看什么样的瓷砖，对于今天想选购的瓷砖有什么样的特别要求吗？

顾客：要好看的，有品牌的，还要耐用的！那种小品牌、质次价低的我绝对不要！

导购：好的，我知道了！大姐，要好看的、有品牌的，还要耐用的！您来我们店可真来对了，我们牌子可是畅销海内外数十年的国际品牌了！

顾客：有这么听说过，要不是，我还不进来呢！

导购：就是，就是，大姐和您聊天很开心，生活中大姐一定是一个热心肠！我给您介绍一下我们的瓷砖产品。来，大姐，我们先看看样品册，然后再看具体的真实展品，要不然您会太累的，我们的展厅很大！

顾客：好呀！

导购：是，真的是累，我刚来公司上班的时候见到这么厚的样本册，开始也觉的晕，公司发展迅速嘛，产品册也越来越多了。呵呵！来，大姐，我们有针对性地来挑选，不用一张张看了，这样您就不会累了。

大姐，我看您爱穿黑色衣服，而且您穿黑色衣服，也特别能够体现黑色的神秘和富贵！那，大姐我们就从产品册的“神秘富贵系列”开始看起吧！

顾客：好呀。

可见，顾客的需求并不是一成不变的，试着帮助聚焦、引导顾客的需求，往往能够柳暗花明促成销售。因此，导购人员千万不要放弃，要抓住每一个顾客的心，热情接待。

【金牌导购战术】

“看门道”的顾客，虽然有一些专业的知识，有一定的选择能力，但是这对于专业的导购人员来说依然是不太专业的，这时就需要导购多掌握说话的技巧，把顾客留住，为顾客提供更多的选择需求。

第六章 弄清需求，找到销售引爆点——激发顾客的购买欲望

想和顾客达成交易，导购人员必须想明白顾客的个人需求是什么？导购人员千万不能认为自己口才了得，妄想通过三寸不烂之舌说服顾客购买你的产品。任何时候，弄懂顾客的需求，并对症下药，才能找到销售引爆点，实现成交。

1. 充分了解顾客的购买动机

顾客的购买动机是引导顾客的购买活动指向一定目标，以满足自身需要的购买意愿和冲动。这种购买意愿和冲动是十分复杂、捉摸不透的心理活动。

1. 从其表现来看，可以将消费者的购买动机归纳为三类：

(1) 感情动机

是由人的情绪（喜、怒、哀、乐）和情感（道德、情操、群体、观念等）引起的购买动机。由于感情动机的引发原因不同，所以，感情动机又可以分为情绪动机和情感动机两种。情绪动机，是由于外界环境因素的突然变化而产生的好奇、兴奋、模仿等感情反应而激发的购买动机。影响产生情绪动荡的外部因素很多，如广告、展销、表演、降价等。感情动机所引发的购买欲望，多注重商品的外在质量，讲究包装精美，样式新颖、色彩艳丽，对商品价格不求便宜、而追求适中或偏高。

(2) 理智动机

是对所购对象经过认真考虑，在理智的控制下而产生的购买动机。它是基于对所购商品的了解、认识，经过一定比较而产生的。理智动机的形成有一个比较复杂的从感情到理性的心理过程，一般要经过喜好→激情→评价→选择这样几个阶段，从喜好到激情是属于感情认识阶段，从评价到选择是属于理性认识阶段。同时，在理智动机驱使下的购买，比较注重商品的质量，讲求使用、可靠、价格便宜、使用方便、设计科学合理等。

(3) 惠顾动机

是指顾客由于某些企业推销商品产生信任和偏好而产生的购买动机。这种动机，也叫做信任动机。在这种动机支配下，顾客重复、喜欢向某一经销商或商店购买。顾客之所以产生这样的动机，是基于营业员礼貌周到、信誉良好、提供信息及服务、品种繁多、品质优良、价格适当、购买商品地点时间便利、店面布置美观。每一经销商和商店的声誉或特色均可以给予顾客一种不同的印象。其广告宣传等推销方面的应用，主要就在于使顾客对之产生良好印象。

在销售过程中，导购人员若能做到激起顾客的好奇心，使顾客迫切地想知道他说的那个好东西究竟是什么，达成交易也就势在必行了。当然，在必要的时候，导购人员可以进行一些简单的示范，证实推荐的产品确实不错，使顾客根本没有机会拒绝，推销的成功几率就会更大。

2. 从顾客的购买行为来看，可以分为以下几种类型：

（1）习惯性

他们往往忠于一种或数种品牌，对这些品牌十分熟悉、信任，注意力稳定，体验深刻、形成习惯。购买时不必经过挑选和比较，行为迅速，容易促成重复购买。

（2）理智型

在实际购买前，对所要购买的商品经过考虑、研究和比较，即所谓“深思熟虑”。他们在购买时较为冷静和慎重，善于控制自己的情绪，不易受商品包装及宣传的影响，喜欢细心挑选。

（3）经济型

这类顾客尤其重视价格，对价格反应特别敏锐，善于发现别人不易察觉的价格差异。有的人习惯于追求低价，惟有廉价的商品才能使之满足。与此相反，也有的顾客喜好高档商品，信奉：一分钱一分货，“高质高价”。

（4）冲动型

这类顾客易受商品的外观和品牌名称的刺激而购买。购买时，喜欢追求美观，品牌和新产品，从个人兴趣出发，不大讲究商品的用处、性能，因而易受广告宣传的影响。

（5）情绪型

这类顾客的购买决定往往由情感所支配。在性格上，他们的情绪兴奋性都比较强，情绪体验比较深，想象力也比较丰富，审美感灵敏，因而在购买行为上易被情绪所影响。

（6）不定型

这类顾客的购买行为多属尝试性质，其心理尺度尚不稳定。购买时没有固定的偏爱，一般是顺便购买或尝试购买，也有的是盲目购买。

3. 不同年龄顾客的心理特征也是不一样的，因而也就产生了不同的购买动机：

（1）老年顾客的购买动机

喜欢购买用惯的东西，对新商品常常持怀疑态度；对导购的态度反应敏感；对保健品类的商品较感兴趣。

（2）中年顾客的购买动机

属于理智型购买，讲究经济实惠；尤其对那些能够改善家庭生活条件，节约家务劳动时间的产品感兴趣。

（3）青年顾客的购买动机

对消费时尚比较敏感，喜欢购买新颖时髦的商品；购买时具有明显的冲动性；购买能力强，不太考虑价格因素。

4. 不同性别的顾客也有不同的购买动机：

（1）男顾客

购买动机具有被动性；常常是有目的的购买和理智购买；比较自信，不喜欢导购喋喋不休的介绍；选择商品以质量性能为主，价格因素作用相对较少；希望迅速成交，对等候缺乏耐心。

（2）女顾客

购买动机具有主动性或灵活性；购买心理不稳定，易受外界因素影响；购买行为受情绪影响比较大；选择商品比较注重外观、质量和价格。

导购都希望与顾客保持良好的关系，进而圆满地达成交易。要搞好与顾客的关系，并不是去设法满足他们的要求，而是尽量理解它的本来面目，根据顾客的本质，来决定自己的态度，即要充分了解顾客的心理，利用心理因素来吸引顾客。

有时导购为了与顾客搞好关系，一味地向顾客卑躬屈膝，以求工作顺利进行，其实这是毫无效果的，因为大多数的顾客都瞧不起这类人。但是，如果忽视顾客的意见，采取强迫式的压迫态度，暂时可能会有一些效果，但是在顾客心理，一定会对你产生反感，那么，你将永远失去这位顾客。

导购对顾客最理想的态度就是，不要伤害他们的自尊心，保持一种相互尊重的态度，这种不卑不亢的举动，才能给顾客一个最好的印象。

【金牌导购战术】

导购首先要把握好顾客的购买心理，从他们所关心的、感兴趣的地方入手，激起他们对于该商品的好奇心和求知欲，就可以成功地为自己争取更多的顾客，从而达成更多的交易量。

2. 摸清顾客眼里的“物美价廉”

顾客在消费时常常保持一种“物美价廉”的心理，希望用最少的付出换取最大的效用，获得更多的商品，追求物美价廉是最常见的消费心理。顾客在消费活动中，对商品价格的反应最为敏感，在同类以及同质量的商品中，他们总会选择价格比较低的商品。

其实，价格一直困扰着导购人员，让他们纠结不已。很多导购人员都会抱怨无论跟顾客说出多么低的价格，顾客都会觉得有点贵。其实顾客在购物的过程中，只是想寻找一种质量好而且又比同类产品价格低的产品，这就是顾客眼里的“物美价廉”。

那是不是意味着，商家就要一味地降低自己产品的价格来取悦顾客呢？当然并非如此。做生意还是要考虑自己的收益，不能因为低价能吸引到顾客就不计自己的成本和效益。顾客眼中的“物美价廉”无非是顾客心中的一个小标准，这个标准不见得就使商家降低很多的价格，所以说，要摸清楚顾客眼里的“物美价廉”是一件很重要的事情。

很多时候，顾客购买产品最在乎的并不是产品的价格，而是在相同价格下，产品的质量是否比别家的产品更值得购买，这就是顾客心中“物美价廉”的定义。记住一点，在销售过程中，切勿将价格因素放在第一位，反复向顾客推销你的产品价格是多么低廉，这样的后果只能导致顾客怀疑产品的质量是不是有问题。

如果我们随便问几名导购人员，“你们觉得怎样才能提高销售额呢?”最常见的回答是：“降价。”但不要忘了，价格固然是交易中很重要的一个因素，但顾客购买产品是希望该产品能够为他提供便利，如果只是价格便宜，而在功能和质量上没有丝毫竞争力，那么在顾客眼睛里也算不上“物美价廉”，充其量只能是“价廉”。

没有“物美”只有“价廉”是不行的，同样的道理，只有“价廉”没有“物美”也是不行的。只有“物美”没有“价廉”是指那些质量在同类产品中算是很好的，甚至是最好的，但是价格却高得离谱，这样的产品只能让顾客望而却步。

可见，要弄明白顾客眼里的“物美价廉”是做好导购过程中至关重要的一个环节。在顾客心目中，购买产品最重要的是产品要有质量保障，要能够帮助他完成想要完成的工作。在这个基础上，价格才成为另外一个值得考虑的因素。只要产品能够为顾客提供相应的服务，而价格又在顾客能够接受的范围内，那就算是满足了顾客心中的“物美价廉”的要求了。

那么在价格之外，要怎样让顾客意识到我们的产品也是“物美”

的呢？虽然说价格是顾客在购买的时候要考虑的一个重要因素，但是如果忽略了其他的因素的话，即使你拥有很低廉的价格，顾客也不一定会购买你的产品。

所以一名合格的导购，在推销自己产品的时候，不但要强调自己的产品价格公道，还要向顾客介绍自己产品“物美”的地方。

全球知名的销售专家和顾问提出了几个因素，很值得导购人员学习和参考：

－“C”代表“Current－FutureState（现期、未来状态）”。作为销售人员，你是否知道顾客现在和未来的需求是什么？

－“H”代表“High lighting Their Painand Implications（关注他们的痛楚和潜在影响）”。如果他们现在不采取行动，他们会有什么损失？这对他们的将来会有什么潜在的不良影响？

－“E”代表“Expected Outcomes（预期结果）”。如果顾客听取你的建议并且购买你的产品，这样做会有何收益？

－“A”代表“Associated Risks（相关风险）”。顾客如何确信你的产品和解决方案可以使他们受益？如果事情不像预计中进行的那么顺利，他们是否还有其他选择和资源？

－“P”代表“Providing Assurance（提供保障）”。当顾客从新商家那里购买高值商品的时候，往往会觉得不舒服或犹豫不决。于是，你需要做的是打消他们的忧虑，对他们进行鼓励，取得他们对你的信任。在与顾客的初次见面中，有些问题你无法立刻得到相关的答案。

以上这些指导提醒导购人员，除了价格因素外，还有很多因素是顾客在购买过程中所关心的问题，这就是“物美”的方面了。如果你能够在导购过程中帮助顾客解决上面这几个方面的问题，那么相信即使你的产品不是价格最低廉的，依然能够吸引不少顾客。

当然，不能排除那些不去了解产品的内在价值，只一味地追求最低价格的顾客存在。那么作为导购人员，你的目标就是成为顾客值得信赖的顾问，引导顾客认识产品的特色和质量，让顾客相信你的产品能带给他最大的帮助。这样在价格稍涨的情况下，还是会愿意接受你们的产品。

一般情况下，顾客是不会一味只追求低廉的价格，顾客需要的是在价格不改变的情况下，将价值最大化。一个成功的导购人员可以抓住顾客“物美价廉”的心理，出色地完成自己的导购任务。

【金牌导购战术】

顾客追求的“物美价廉”并不意味着只在乎“物美”或者只追求“价廉”，而是在寻求两者的完美结合。作为导购，在销售过程中要注意引导顾客说出自己的要求，并在自己的产品特性中，寻找能够满足顾客要求的方面，同时用自己和同类产品比较的价格优势，取得顾客的信赖。

3. 快速找到顾客的兴趣点

“我对你们的产品没有兴趣，请你不要再跟我讲了。”这是顾客拒绝导购人员时经常说的一句话。对于导购人员来说，要想让顾客顺利地购买自己所推销的产品，就必须找到顾客的兴趣点，并从他们感兴趣的事情出发，多花心思去了解顾客的爱好和兴趣。很多时候，导购人员推销的失败，实际上是导购人员所做的介绍，根本没能引起顾客的兴趣，不能与顾客拉近彼此之间的距离。

发现顾客的兴趣并不是一件简单的事，因为一般来说，顾客和导购人员在一次购买交易之前，并没有任何生活上的交集，所以导购人员很难对顾客的兴趣有一个事先了解。而顾客在购买过程中，面对导购人员的推销，通常会以“我不感兴趣”来拒绝导购人员，因而这个时候要搞清楚，兴趣在顾客那里是一个怎样的概念。

通常情况下，一个人对一件产品没有兴趣，大致有以下四个原因：

(1) 有一点了解，但有误解。比如认为是直销或是传销，所以没有兴趣。

(2) 完全不了解，兴趣无从谈起。

(3) 当作拒绝导购人员推销行为的借口。

(4) 确实了解，也确实不需要。

事实上，导购人员在销售过程中，常常遇到的是第三种情况，那么应该怎样做，才能突破顾客“没兴趣”的难关，把话题继续下去呢？让我们先看一个案例：

汽车导购小魏在一次汽车展销会上结识了一位潜在客户，而且将公司的产品手册给了客户。客户答应有时间会打电话，可一直没给任何回复。小魏试着打电话联系，客户平时都说忙，周末难得放松放松，要和朋友一起去射击场玩。

小魏得知这位客户酷爱射击，于是立即查找有关射击的资料，恶补了一段时间。再通电话，小魏对汽车绝口不提，只是跟客户说自己发现了一家设施齐全、环境优美的射击场，希望有机会切磋一下。周末，小魏顺利地在那家射击场见到了该客户。客户对小魏刮目相看，感慨自己找到了知音。在返回的路上，客户说自己特别喜欢驾驶豪华的越野车。小魏告诉客户他们公司正好刚刚上市一款新型豪华越野汽车，并与客户约时间看车，客户爽快地答应了。

当然，导购人员需要注意的是：你最好对顾客的爱好同样感兴趣，这样才能在沟通、交流的过程中实现互动。如果顾客对某种话题感兴趣，导购人员却并不怎么感兴趣，只是故意表现得很喜欢，顾客就会觉得你有欺骗他的嫌疑，故而热情马上冷却，可想而知，生意就更谈不成了。

因此，要求导购人员在平常多培养自己的兴趣爱好，积累各个方面的知识，这样在与顾客进行沟通交流时，就不会显得捉襟见肘、孤陋寡闻了。

某天下班回家，婴幼儿用品导购小丽在搭乘地铁时看到一位奇怪的女士，那位女士看上去有30多岁的样子，却穿着一件印有维尼熊的大衣，不仅如此，她的背包上、围巾上、手套上都印有维尼熊的图案。

小丽想，这多半有特殊意义，于是主动与那位女士搭讪起来："小熊维尼很可爱，想必您很喜欢它喽。""哪里啊，是我的儿子很喜欢它，他都把我变成熊妈妈了。"说完，脸上洋溢起幸福的微笑。小丽接着说："您的儿子肯定很可爱，但肯定也很淘气。"

那位女士幸福地抱怨说："是啊，是非常可爱，但也确实很淘气，我们邻居家有个两岁多的女孩，可踏实了，我儿子跟她差不多大，可闹腾极了。"从这位女士的谈话里，小丽找到了她的兴趣所在，那就是孩子。最后，围绕淘气的孩子，小丽自然而然提到自己销售的产品上去。

从这个案例中可以分析出，一个人的兴趣爱好可以从多方面透露出来。一句话，一个动作，甚至是一个人的服饰都可以透露出很多信息，只要导购人员仔细观察、用心分析，总会找到顾客的兴趣点。

如果你不能从顾客的言谈装扮中找到其兴趣点，导购人员不妨为顾客制造一些兴趣点。一般情况下，人最感兴趣的通常是与其自身相关的事物，可以由此为顾客制造兴趣点。譬如，客户的桌子上放着一个奖杯，导购人员不妨说："您可真棒，在这么大的公司里获得年度优秀奖可是非同一般啊！"如果客户的桌子上放着家人的照片，导购人员则可以夸一夸照片："您的儿子长得真可爱"，"您与太太真有夫妻相啊"，等等。

有时，在遭遇冷场或是没有交谈话题时，这些都可以成为缓和气氛的轻松话题。

【金牌导购战术】

优秀导购往往能从顾客的谈话中，甚至是顾客的服饰装扮中，捕捉到他们的兴趣，发现他们的需求，并从顾客的喜好入手，通过聊天来拉近与顾客的关系，那么导购人员的工作就会取得意想不到的效果。

4. 帮对方找到自己的真实需求

从营销的角度上讲，消费者心中永远存在着没有被满足的需求，顾客总是在不断地为自己寻找购买理由，他们希望未来的产品能够提供更好的利益点，但这一点又往往是顾客自己没有意识到的。所以，作为导购，要学会帮助顾客找到自己的真实需求，并且最好和自己所推销的产品相契合。

或许现代人对彩色电视诞生初期的那个时代已经相当陌生了。那时，哪家要是拥有一台彩电的话，真是牛得不得了，甚至经常在外面有意无意地说："昨晚那个风景片太好看了，真是五彩斑斓啊。"其实就是在炫耀他家的彩电嘛！但是在此时，有电视厂家开始琢磨了，我们还有机会吗？

于是他们开始观察，终于发现，有时人们即使在劳累之后看电视，也要无可奈何地走到电视机旁换频道，如果碰上不好看的电视节目，或者烦人的广告的时候，就要反复起身去换频道。尤其是冬天坐在床上看电视时，刚把被窝焐热又想换节目，此时真是有些难过。

有没有解决之道呢？虽然消费者当时还没有流露出明显的抱怨，但这种潜在的遗憾就是机会。于是，顶峰公司开发出了世界上第一个遥控器，这个遥控器是有线的，接着顶峰公司再接再厉，又研制了世界上第一个使用光学传感器的无线遥控器，后来又发明了价格变得非常低廉的红外线遥控器。

如今的遥控器，谁都能买得起，它已经成为家电产品的标准配置，市场上销售的99%的电视机和100%的录像机都配置了遥控器。对于伴着遥控器长大的一代人来说，手持遥控器从一个频道换到另一个频道，而又不用起身劳动，正是遥控器给他们带来的欢乐之一。

而对于第一代使用遥控器的人们来说，简直可以用欣喜若狂来形容，发明遥控器的顶峰公司自然也发了大财。看到了吧，这正是善于发掘顾客潜在需求的企业的精明之处。

可见，很多时候，顾客并不知道他们的真实需要，需要导购人员帮助他们发现自己的需求。在导购过程中也是如此，顾客在购买时，有明确目标的情况很少，因此需要导购人员引导顾客发现自己的需求。

不妨用一个近在咫尺的案例，来剖析一下寻求顾客需求的重要性。在果汁饮料市场竞争白热化的今天，为什么统一“鲜橙多”能够脱颖而出？首先，我们有必要回溯到饮料市场的初始状态来剖析一番。

在饮料发展初期，消费者未被满足的需求中，最重要的需求是口感要好，至于健康还没有过多的考虑，因此那时是碳酸饮料的天下。

但随着人们观念的转变，人们对健康的重视程度越来越高，一种能满足消费者健康需求的产品成了消费者未被满足的需求。而碳酸饮料虽然口感较好，但几乎不考虑健康功能，所以此时又出现了纯净水、矿泉水。

随着社会的进一步发展，消费者的观念又转变了，除了健康需求之外，既健康、口感又好的饮料又成了消费者潜在的需求。于是茶饮料开始风行，茶饮料在饮用水的基础上又增加了茶的功能，人们开始进入到绿色食品时代。

那么，在此之后未被满足的需求能是什么呢？统一“鲜橙多”给了我们答案，那就是既健康、口感好，同时又兼顾了消费者心中某种潜在的需求。

鲜橙多的推出，从包装形式上来看，只是一个小小的改变，只算它前进了一小步，但从适应消费者的基础需求层面上分析，可谓是前进了一大步！因为消费者找到了比茶饮料更好的饮品，那就是“鲜橙多”。

其理由很简单——只有统一“鲜橙多”才能在满足饮品需求的同时，还为消费者提供了一个“漂亮”的理由。

事实也是如此，对消费者潜在需求心态的把握，才是“鲜橙多”成功的核心所在。

2001 年 3 月，PET（塑料瓶）包装的果汁饮料“鲜橙多”问世时，仅销售了几个月就脱销了，“鲜橙多”单月的销售量就超过了国内果汁饮料巨头汇源集团。“鲜橙多，多 C 多漂亮”的品牌定位，一下子赢得了消费者的认同，销量迅速上升。到 2002 年第一季度，按照统一的数据，“鲜橙多”销量已经成为全国第一。

那么“鲜橙多”定位策略的源泉从何而来呢？通常，许多企业在卖果汁饮品时，总习惯直白地从饮品的营养含量上做文章，譬如维生素啊，富含多种微量元素啊等。其次就是渲染某某果汁给家庭带来的天伦之乐，夫妻温存等大而全的诉求。

其实这并没有错，但是，许多经营者都忽略了一个简单同时也极重要的问题。维生素、微量元素的摄入，会给消费者带来什么样的实质性益处？他们的诉求是“健康”吗？可是，直白的“健康”诉求已经太多、太滥。如果继续跟风诉求的话，“鲜橙多”撑破天也就是凭着统一的资本实力，在惨烈的竞争中勉强砸出一点市场份额来，却很难创造出市场奇迹。

对导购人员来说，帮助顾客找到自己的真实需求同样重要。有时候，顾客对自己的购买动机也是懵懂的。对此，导购人员要引导他们回顾当前的收支、家庭消费方向等，进一步确定所需的商品是哪一种。

【金牌导购战术】

一个专业的导购人员，想要提高自己的业绩，就要学会站在顾客的立场来思考问题。顾客在购买之初，一般并不了解自己的购买诉求，并且这个过程伴随着一系列复杂、微妙的心理活动，关键是导购人员要学会在推销过程中，帮助顾客发现自己的真实需求在哪里。

5. 如何使用 SPIN 提问技巧

销售过程中，最难的是创造和发现顾客的需求。导购人员可以通过走进顾客的交际圈来了解他的需求，走进顾客日常生活来满足他的情感需求，走进顾客的工作领域来满足他的专业需求。

但问题是，作为导购人员如何能够创造和发现顾客的需求呢？

其实方法说起来也很简单，就是两个字："问"和"听"。说起来简单，但做起来难，单是一个"问"字，要问的灵活、问的巧妙、问的有套路、问出机会、问出答案、问出需求，非常不容易。下面重点谈谈如何灵活运用 SPIN 提问法来创造和发现顾客的需求。

SPIN 模式是由 Huthwaite 公司通过对 35000 个销售案例进行广泛调查研究而开发出来的，通过计算每一个人在成千上万次销售会谈中说过的东西，我们可以确认高效销售人员长期以来一直疑惑的问题：在成功的销售会谈中是买方说的多，那怎样才能使买方开口说话呢？提问！SPIN Selling 是一种向客户提问的技巧和开发潜在客户需求的工具，包括四个环节：

状况性询问（Situation questions）；

问题性询问（Problem questions）；

暗示性询问（Implication questions）；

需求确认询问（Need - pay off questions）。

SPIN 提问技巧是一名优秀导购必须要掌握的与顾客沟通的技巧，借此来获得顾客的需求，并快速达成成交的效率。但大部分导购人员，对 SPIN 提问技巧只知其一不知其二。

下面为导购人员分享一下 SPIN 提问技巧。

SPIN 提问技巧具体包括如下：

◎背景式问题 Situation questions

◎难点性问题 Problem questions

◎暗示性问题 Imlication puestiaons

◎成交性问题 Need - pay off questions

具体来说，SPIN 销售的注意事项包括以下几点：

(1) 背景式问题

· 数量不可太多

· 目的明确

· 不问与销售无关的问题

· 永远掌握主动权

(2) 难点性问题

· 对产品的了解程度决定了你对客户问题深入分析情况

· 顾客面临的问题、困难和不满之处，你是否能依据重要性和紧急性划分优先顺序

(3) 暗示性问题

· 如何把隐性需求变为明确需求？

· 如何把买方问题不断引申成连环式问题？

· 如何把不急迫的问题变成忧虑的问题？

· 一定要设计与产品特性、价值有关内容，不谈不能解决的问题。

(4) 成交性问题

· 是否有需求呢？

· 对这个问题是否认可呢？

·这个问题真的是企业需求吗？

导购：李总，你们的厂房可真大啊。有多少平米呢？

李总：生产占地30亩。

导购：经理们办公离你们有多远呢？看着好像2公里？

李总：没那么远，只有1公里。

导购：经理们怎么到达厂区呢？

李总：他们通过地下通道或者从公路上步行过来。

导购：那他们达到厂区后如何视察呢？

李总：步行或者搭乘小拖车。

导购：经理们有没有抱怨很累呢？

李总：一直在抱怨。

导购：他们对长距离步行有什么不喜欢的。

李总：经常说皮鞋磨坏了；上年纪的一天下来很累；有的甚至不到厂区。

导购：听起来经理们想减少到厂区花费的时间和精力。如果这样的话，是不是他们需要来厂里时，省时省力，又节约公司开销？

李总：是这样的。

导购：李总，你们的经理每天工资是多少呢？

李总：大约300元。

导购：如果我告诉你如何节省经理们往返工厂的时间，你会感兴趣吗？

李总：当然会了。

资深导购人员在与客户沟通前，一定要把你想了解的问题，提前设计好，并运用SPIN提问技巧获取客户信息，促使客户深度了解产品的兴趣，促进成交的机会和速度。

【金牌导购战术】

当导购人员能够熟练掌握SPIN提问技巧时，就能够在日常的销售过程中，尽快地抓住顾客的需求，同时还要熟练地为顾客介绍其所需要的产品，那么这个销售通常都会成功。

6. 促使顾客购买要多提示

对于很多顾客来说，做出购买决定时，并不是一个随意的购买决定行为，他们往往是经过一个合理的价值判断后，才决定是否购买。并且，顾客在购买的时候，往往会受到其他商品价格的影响，再来判断即将要购买的产品价格是否公道。要让顾客感到物有所值，做出购买的决定，就需要导购人员多给顾客一些肯定的提示，帮助他们做出决定。

一个优秀的导购应该学会，通过向顾客多提示，来挖掘顾客潜在的购买欲，这是推销过程中一项重要的秘诀。日常生活中，人们的需求往往是随着生活的不断变化而改变的，对某些东西的需求不可能一次得到满足，因此，他们需要不断地通过购买行为来满足自己的需求。

要想让顾客做出最后的购买决定，就要将顾客的犹豫和对产品的注意力转变为实际的购买力。而要想激发顾客的购买力，需要不断地对顾客进行提示，帮助对方发现产品的优势，帮助顾客发现其需求和产品的高契合度。

有些顾客严肃冷静，遇到事情的时候很沉着，很难被导购人员的推销言辞所打动，他们往往会安静地听导购介绍自己的产品，但是却迟迟不做出购买的决定。

那么，此时导购人员首先要做的，就是认真聆听顾客的需求，并主动引导顾客做出购买的决定，要适时提示对方自己的产品确实能够满足他的需要，而不是被顾客牵着鼻子走。

还有一类顾客，他们优柔寡断，特别是在购买环节，即使内心已经决定要购买该产品，但是对于产品的品种规格、式样花色、销售价格等诸多信息反复进行比较，很难取舍。这类顾客一般外表温和，但是内心却极其容易瞻前顾后。

遇到这样特点顾客时，导购人员更需要多多向他们进行提示，诱导顾客说出自己内心顾虑的问题，根据顾客的问题有针对性地做出说明。因为这个时候顾客一般已经产生了购买欲望，导购人员需要做的就是，不断提示顾客做出实际行动。

导购的最大作用是帮助顾客发现适合自己的产品，经过不断提示，来帮助顾客分析到底哪种类型的产品是他所需要的。这是一个漫长而又需要耐心的过程，如果在遇到目标不明确顾客的时候，你不能拿出耐心和时间来帮他分析，那么在没有导购人员提示的情况下，要么顾客会一走了之，要么即使交易成功，这位顾客也不会成为一名回头客。

下面以服装导购人员作为例子，看看如何通过多提示来引发顾客的购买欲。

顾客进入服装店或是服装专柜时，有不同的心态，有些顾客已经看好某些服装，进店后就只看某些类型的服装；有些顾客不确定自己适合什么样的款式，总是在浏览中寻找合适的目标。当顾客没有主见的时候，就需要服装导购人员来进行正确引导，他不仅要将服装展示给顾客，还要根据顾客的情况，向顾客推荐服装，引发顾客的购买欲。

服装导购人员在向顾客推荐服装时，有些技巧性的东西需要掌握。很多服装导购人员会这样向顾客介绍：这是我们今年的新款。然后就忙自己的去了。这样漫不经心的导购方式必须要摒弃。

（1）要对顾客做适合的推荐

对顾客进行商品说明的时候，应该根据顾客的实际情况，真心地为他们推荐合适的衣服，琢磨他的个人兴趣所在。

(2) 准确说出各类服装的优点

对顾客进行服装的说明与推荐时，要比较各类服装的不同，能够迅速准确地说出各类服装的优点。

(3) 配合手势向顾客进行推荐

有时顾客是经不起夸奖的，一个小小的赞美就会让顾客感到满足，当然这个赞美的度一定要把握好，否则过犹不及，夸奖过度会让顾客觉得你很不诚实，不值得信任。

(4) 配合产品的特征进行介绍

每类服装都有不同的特征，如功能、设计、品质等方面，导购人员在服装销售过程中，要着重强调服装的不同特征。

服装销售过程中的重点就是要有针对性，对于服装的设计、功能、质量、价格等因素，要因人而异，真正让顾客的心理由“比较”过渡到“信念”。导购人员在这个过程中，一定要多给顾客一些积极的提示，让他觉得买这个衣服很适合自己、并且物有所值，如果看到顾客有购买的意思，更要多给他们一些提示，从而达成交易。

销售在很大程度上是需要不断的提示。导购人员应该善于抓住各种时机，适时地对潜在顾客给予恰当的提示，通常这种需求融合在生活当中，而导购人员的工作是最贴近生活的。所以，导购人员再结合到自己的产品特色上，好好地向顾客介绍一番，就能激发出顾客的购买欲望，进而达到成功推销的目的。

【金牌导购战术】

顾客在犹虑不决的时候，导购人员不妨适当的进行一些提示，顾客的需求往往是被创造出来的。导购人员要想顺利把自己的产品推销出去，就要抓住顾客需要的重复性，及时的给予提示，那么销售就能轻松完成。

第七章 做世界上最伟大的推销员——练就强大的推销本领

导购人员的成交量并不是一个简单的数字，它需要导购人员具有真正的推销本领，不仅拥有完美的个人魅力，同时还要掌握一定的说话技巧，通过不同的语言表达方式来打动顾客，向顾客讲述那些自己亲身经历的销售故事来打动顾客。当然，说得再好也不如让顾客亲身体验一下来得实在，让顾客在体验的过程中，对产品满意从而爱上该产品，最终达成交易。

1. 导购人员要有推销的真本领

导购人员的推销技巧是一种需要长期培养的行为，从某种意义上来讲，导购人员是处于某一特殊环境的业务员，是直接面向顾客的终端业务员。导购人员在具体的工作中通过现场恰当的举止和优质的服务，给顾客留下美好的印象，从而树立良好的品牌形象和企业形象，使顾客当场购买或在未来形成购买的冲动；同时，导购人员又通常负责所在卖场的终端建设与维护，并适当协调顾客关系。

在推广产品时，潜在的顾客往往会出现各种心理变化，如果推销人员不仔细揣摩顾客的心理，不拿出“看家功夫”，就很难摸透对方的真正意图。如何对不同的顾客进行产品推广，看其属于哪种类型的人，就可以对不同类型的顾客采取不同的措施，做到“有的放矢”，从而能起到事半功倍的效果。

在介绍导购人员需要具备哪些推销本领前，这里先跟大家区分一下导购人员与推销员。很多顾客，甚至导购人员自己也搞不清楚，两者之间到底有什么不同，常常将之混淆。

导购，从字面上讲，就是引导顾客促成购买的过程。顾客进入店内往往存有疑惑，阻碍着购买行为的实现，而导购是解除顾客心理的种种疑虑，帮助顾客实现购买行为。导购人员的主要职责就是帮助顾客做出决定，实现购买。当然购买以后，还要负责跟踪服务，协助技术人员对顾客完成最后的施工，将保证卡各项内容逐步实现，而从在顾客心中形成良好的口碑效应。

而推销员，是推销商品的职业人员，是第一线前线职员，有如战场上的兵，功能是速销产品及服务等。有说，推销员可以是专业人士，例如基金经理、保险经纪、地产代理、化妆品美容顾问等。业务员、业务代表、业务专员、营业员、导购人员等，实际上都是推销员。推销员的出现，至少有两大意义，一是开掘财富必须坚韧，二是成功人生要善于自我推销。每个人都是推销员，都需要向社会推销自我的理念或能力。推销，已渗透到我们的生活的每一个细节。

虽然导购人员与推销员有很大不同，但两者有时在一些技巧方面还是有共同之处，作为导购人员最重要的是把商品推销出去，因而就需要掌握一些基本的推销技巧。

（1）注意自己的开场白

导购人员要主动介绍自己，让顾客了解你，从而与顾客营造一种情感氛围。如："您好！欢迎您光临××专卖店，很高兴为您服务！""请问，怎么称呼您比较合适？"在得知顾客的名字后，可以这样说："您好×××，我是本店的导购人员，叫做×××，负责您在商场的导购服务，全程为您服务。"

（2）学会一些产品介绍的技巧

介绍产品的诀窍是：突出利益、产品品质优势。优秀导购人员在每一款新产品上市时，会将厂家提供的产品资料核心要点背诵并熟记于心（背原文），这样介绍产品时才具有说服力，但大多数普通导购人员从不背原文，只是描述，这样就会将产品的美感和特点丢失，不能形成"美好意念"的产品体验。记住，每天朗读优秀导购台词，不久就会熟能生巧，功力非凡！

（3）照顾好每一个顾客，让他们为你增值

优秀导购人员常用"顾客推荐法"获取更多新顾客，这是他们业绩成倍增长的秘密。因为服务好一个顾客，这个顾客就有可能推荐至少5个新顾客。在产品成交以后，导购人员不要忘记，主动要求老顾客推荐新顾客。所谓的顾客链就是由老顾客不断地去延伸、形成新顾客。

顾客推荐标准台词：感谢您信任本公司，像您这样的成功人士、知名人士，像您这样的成功企业家，周围一定有不少朋友；像您这样人缘好的人一定有不少朋友。不知道您周围有没有朋友也需要我们公司的产品，如果有，请您引荐，您放心，一定会为他提供同样的优质服务。

（4）导购人员具备的宽容平和的心态

导购人员在接受顾客不同的抱怨时，需要平和对待，诚恳地致歉，并理智地为顾客解决问题，这是导购人员的工作。认真帮助顾客选择和解释是导购人员的本分，顾客的要求和问题有时难免太自我，但导购人员没有任何理由拒绝。

不是每一个人都能成为出色的导购人员，也不是每一位导购人员都能有辉煌的业绩。成功的导购人员需要一个“彪悍”的内心。心理素质过硬的导购人员是做好工作，提高销售业绩的重要前提。在工作压力大，顾客日益挑剔的情况下，心理素质的重要性更凸显出来。成为成功的导购人员从铸造一颗彪悍的内心开始。

同时作为导购人员还要保持一种乐观的心态，因为导购人员的心情会直接感染到顾客，从而影响顾客的购买欲望。当然部分行业分淡季和旺季，这就需要导购人员放平心态，不论淡季还是旺季，都要时刻保持一种工作热情，让每一位顾客感受到你的激情，从而促进交易的成功。

【金牌导购战术】

导购人员的工作是完成整个销售工作的一个重要环节，是实现商品与货币交换的过程，导购人员正是实现这关键一跳的关键人物。要想让顾客掏腰包，导购人员必须要有充足的理由让顾客满意购买产品，并让顾客感到他所买的产品物超所值。因此就要求导购人员必须掌握一些推销的技巧，从而达到增加销量的目的。

2. 信誉的推销才是根本

李嘉诚认为，做生意跟做人一样，必须要有自己坚守的原则。诚信，就是商人必须恪守的一个底线。他说："我对自己有一个约束，并非所有赚钱的生意都做。有些生意，给多少钱让我赚我都不赚，有些生意已经知道是对人有害，就算社会容许做，我都不做。"

有的人开始做生意很谨慎，对顾客服务周到，产品质量也有保证。然而，时间一长，就失去了耐心，售后服务掉以轻心。过一段时间，利润逐步下降，生意越来越难做。仔细琢磨才明白，要么是产品以次充好，要么是服务上有瑕疵，失去诚信，结果渐渐失去了顾客，生意就做不下去了。

做生意要维护好信誉，让顾客满意，并且长期坚持下去，生意才能做得长久，越做越大。如果认为把手中的商品卖给了顾客，就完成了任务，这种想法必然造成失败的后果。信誉是得到客户信任的保证，也是一个商人从市场中换取利润的"名片"。

信誉的重要性，对于导购人员来说同样十分关键。作为导购人员必须要有一说一、言必行、行必果，对顾客以信誉为先，以品行为本，才能赢得顾客的信任。否则，即使说谎一次，也可能使自己的信誉扫地。维护好自己的信誉，让顾客满意，并且长期的坚持下去，那么所得到的顾客资源才会越来越多。信誉是得到顾客信任的保证，也是为自己换取利润最好的"名片"。所以说，导购人员面对自己的顾客，必须坚守自己的原则，只有这样，才能使顾客更加信任自己。

信誉是诚信与荣誉的结合，是一个人内心深处的人格追求，而不仅仅是契约责任。在一个团体或者在一个企业里，彼此信任可以形成一种安全感，从而使每一个成员把更多的精力投入到工作中。有些人，为了取得一些小名小利，会把自己的人格和名誉，像在跑马场中赌马一样肆意挥霍，这岂不是一件可悲的事吗？一个人有着大宗的财产，然而他却为千夫所指，为万人所笑；出卖人格，出卖尊荣，出卖名誉，出卖一切有人格的人认为有价值的东西——这样的人，有财产又有何用？

导购人员要始终明白一点，一个人失去了他最高贵的东西，失去了做人的资格，失去了顾客的信任，那么你就会失去人生的真谛。一个不守信的人会常常受到内心的谴责，他没有力量可以压制住这种谴责，因为诚实守信是一个人最内在的激情，一种为人和敬业的激情。

卡隆门公司在瑞典是一家经营家用电器的小公司，虽然成立了很多年，但生意却只能维持日常开支。老板非常的着急，用了各种办法还是无济于事。终于有一天，老板经过多方的研究发现，建立公司的信誉，或许能使公司起死回升。

于是，他就命人写了张广告，贴在公司的门口。广告是这样说的：从今天开始，凡是本公司出售的所有家用电器，永久保修。

当时正处于上世纪五六十年代，彩电和冰箱等家用电器，在瑞典算得上是贵重电器，人们在购买这些家用电器时，非常担心出现故障或是损坏。一旦损坏，维修的费用也很昂贵，所以人们都非常的慎重。自从卡隆门公司承诺永久免费维修，人们才吃了一颗定心丸。

卡隆门公司给顾客解除了后顾之忧，人们纷纷前来购买，没几年的时间，卡隆门公司就成了瑞典一家著名的大公司。

在此之前，卡隆门公司在1957年还出售过一批电熨斗。过了几十年，有的人还用着这种老式的电熨斗。1984年11月份，一个家庭主妇拿来了一个电熨斗，这个电熨斗正是卡隆门公司早年出售的。这位妇女也不是一定要到这里来修，只是想到卡隆门公司的维修部试一下。卡隆门公司的员工非常热情的接待了她，并认真修复了电熨斗。

电熨斗修好之后，卡隆门公司的员工很有礼貌地对这位妇女说："太太，你的熨斗已经修好了，你不用付钱。顺便告诉你，这种熨斗已经不生产了，现在流行自动蒸汽熨斗，希望太太下一次关照。"

几个月之后，这位太太又来了，对卡隆门公司的员工说："上次你们修好的电熨斗至今还可以用，但我觉得样式太落伍了。今天来你们公司买一个新式的电熨斗。"

卡隆门公司的成功，其实就是为自己的公司建立了信誉，讲究信誉，以信誉赢得客户。其次，质量也是一方面，所以说，信誉有的时候是靠产品的质量来保证的。

对导购人员来说，顾客就是上帝，但在推销的过程中，信誉又是至关重要的，一名导购人员如果在顾客心中具有较高的信誉度，那就将意味着他的销售量也不会差到哪里去，而一旦失去了信誉，也就失去了进一步发展的机会。

千万不要对顾客有任何的欺骗，如果这些欺骗被顾客识破后，导购人员就要为此付出惨痛的代价，这些欺骗会把你推向谷底。也许这些欺骗让你觉得困难问题都解决了，但恰恰相反，问题依然存在并且愈演愈烈。当没有一个顾客光顾时，你就会独自品尝欺骗的苦果，因此，导购人员不可以违背做人的原则——那就是信守承诺，一旦失去了诚信，就会处于孤立无援众人鄙视的地步。

【金牌导购战术】

人无诚信不立，业无诚信不兴，国无诚信不稳。诚信是做人的美德，也是一笔无形的财富。诚信是人生路上一个永远的道德标准，诚信作为一种古老的品质，可以让任何一个人发出天使般的光芒，照亮自己，也照亮别人的人生。导购人员无论做什么，都要建立自己的信誉，让顾客满意，并且长期坚持下去，才能为自己留住越来越多的顾客。

3. 讲一个真实的故事，让顾客心动

无论什么样的产品，什么样的购物环境，哪种能力层级的导购人员，面对顾客都要进行语言艺术的表演。缺乏技巧的语言，如同珍馐佳肴没放油盐酱醋调料，食之无味，直白生硬的表述也像世界缺了阳光，多了灰暗。

导购工作中正确使用语言技巧，不是无中生有，夸大其词，把稻草说成黄金。它既不是电视购物中一男一女两位主持人声嘶力竭地叫卖着“世界唯一的黄金叶坠”，“所有手能摸到的地方都是99足金，堪称是金中之王”，也不是“见人说人话，见鬼说鬼话”，虚与委蛇、阿谀奉承。

在开封魏氏新日电动车专卖店有一个导购人员正在对顾客进行讲解。

顾客说：“电视上广告比较多的都是新日、爱玛、雅迪，有啥区别呢?”

导购人员嘿嘿一笑说：“哥，你这么一问就知道你关注过电动车，看来你比较专业。新日品牌咋样，什么中国驰名商标、中国免检产品、奥运会世博会指定电动车啦这些就不用多讲，我就给你讲个事，上个月，前郭村的一个大爷来买车，前郭村你知道吧？对对，就是挨着马庙的。他不懂车，来了就问你们这个牌子咋样，我就给他说，大爷，牌子好不好不是自己说的，是顾客自己检验的，骑的人多的不用说也是好牌子。大爷，你搬个凳子坐路边自己数数，过去的电动车有多少是新日的。他就真搬个凳子坐，在那个树下面抽烟，老头一数，果然新日最多，一颗烟的功夫，过去了8辆车，二话没说，回来就推了

一辆。”

导购人员通过这个故事，委婉的表达了新日电动车的销量，销量大的产品就是好产品，间接说出了新日与其他品牌的不同。不要跟顾客说连续销量多少年第一，每年卖多少万台，这些数据都太虚，让人听起来很假，也到不了顾客的心里。

不如就用眼前的例子，让顾客真真切切看到新日电动车的销量数，当然了，这个镇上的人都骑的新日，那品质一定有保障。于是在顾客的脑子里就形成了新日卖得好，选新日不会错的潜意识，在听的过程中已经被打动了，后面的交易就变得顺理成章了。

每一个经典的品牌背后都会有一个经典的故事，它的成功都是经过不断地发展创新，但是这个经典的故事却伴随着品牌一直前进，因为这个故事一定深入人心，让人感动。

迪奥品牌一直是奢华女装的代名词。大 v 领的卡马莱晚礼裙，多层次兼可自由搭配的皮草等，均出自于天才设计大师迪奥之手，其优雅的窄长裙，从来都能使穿着者步履自如，体现了幽雅与实用的完美结合。迪奥品牌的革命性还体现在致力于时尚的可理解性；选用高档的上乘面料如绸缎、传统大衣呢、精纺羊毛、塔夫绸、华丽的刺绣品等。而做工更以精细见长。

1957 年后，迪奥仍是华丽优雅的代名词。第二代设计师圣洛朗在 1959 年将迪奥推向了莫斯科，并推出迪奥的新系列——苗条系列。第三代继承人马克·博昂，首创迪奥小姐系列，延续了迪奥品牌的精神风格，并将其发扬光大。1989 年迪奥品牌由意大利设计师费雷主持设计，他的到来为迪奥传统的较夸张、浪漫的风格融入了新的严谨与典雅。

1997 年，年轻的英国藉设计师加里阿诺被推上了迪奥的前台至今。进入 90 年代后的迪奥品牌，其品类范围除高级女装、高级成衣以外，还有香水、皮草、头巾、针织衫、内衣、化妆品、珠宝及鞋等。

几十年来，迪奥品牌不断地为人们创造着“新的机会，新的爱情故事”。在战后巴黎重建世界时装中心过程中，迪奥做出了不可磨灭的贡献。

导购人员在与顾客进行交流的过程中，为了向顾客更好的介绍产品，也可以通过讲述经典品牌背后的故事来感动顾客，让他们体会到产品所蕴含的含义，并且在讲述的过程中，导购人员要随时注意顾客的反应，感受他听到这个故事后会有什么样的心理反应，是欣赏还是无所谓，这对于交易成功起到了很重要的作用。因为如果顾客认同你的品牌故事，那他就会肯定这个产品的质量或者所蕴含的经典意义，于是交易就顺理成章了。

故事，就是椅子的坐垫、大地上的阳光、佳肴里的调料，能用最温柔的方式抚摸触动顾客的需求。当然，导购人员的语言技巧很多，讲故事虽然仅仅只是其中之一，但如果这一招用到了极致，也能够取得良好效果。导购人员要学会建立自己的故事库，在为顾客介绍产品的时候，能够信手拈来，那么“润物细无声”的交易就会悄然而来。

【金牌导购战术】

讲好一个故事，就能多卖一个产品。导购人员要通过讲故事的方法，让顾客心动，让顾客认同你的产品，认同你的观念，用一个真实的故事来打动顾客，这样不但会让你的销量增加，同时还有利于在顾客心中树立一个良好的形象。

4. 说得再好也不如亲自体验

导购人员在平常的销售过程中，肯定遇到过比较“刁难”的顾客，他们对你的讲解漫不经心，一心想的是要对产品试用一下，这个时候导购人员就要抓住顾客的这一心理，拿出店里的试用装，让顾客亲自体验一番。这样用事实说话的作用就会让顾客心服口服，果断买下产品。

现在流行的“体验营销”，就是指企业通过采用让目标顾客观摩、聆听、尝试、试用等方式，使其亲身体验企业提供的产品或者服务，让顾客实际感知产品或服务的品质或者性能，从而促使顾客认知、喜好并购买的一种营销方式。这种方式以满足顾客的体验需求为目标，以服务产品为平台，以有形产品为载体，生产、营销高质量产品，拉近企业与顾客之间的距离。

现在很多商店都会为顾客提供试用装，让顾客能够亲自体验一下想要购买的产品，这样既会让顾客买的放心，也会让店内的交易量增加。

诸如，最为常见的品牌鞋店，当然要同意顾客进行试穿，因为每个鞋号都会有偏差，即便是同一款鞋，不同的人穿上也会有不同的感受，因此品牌鞋店就要通过让顾客体验来提高成交率。

很多时候，进入鞋店的顾客并没有要购买商品的打算，这时导购人员会热心地邀请他试穿一下新鞋，很有可能顾客穿上之后很满意，于是就购买了，这就是导购人员用自己的热情来为自己赢得的销量。

导购：小姐，真佩服您的眼光，这是我们的2012年春季新款女鞋，卖得非常好！我认为以您的身材和气质，穿这双漂亮女鞋效果一定不错。小姐，光我说好看不行，来，旁边有镜子可以先试穿看一下效果……

导购：（如对方还不动）小姐，鞋子穿在每一人脚上，效果都不一样。我说得再好，您不穿在脚上还是看不出它的效果来。小姐，其实您买不买真的没关系，请这边跟我来。

导购：小姐，您真有眼光。这款圆头鞋加钻点缀是我们2012年春季流行的最新款，卖得很好！来，我给您介绍一下，这双春款女鞋采用……材质与工艺，导入……技术与功能，非常受白领女性的欢迎。当然，光我说好还不行，鞋子是您自己在穿，您自己觉得好才是最重要的。小姐，来，您自己感受一下这款今年最流行的女鞋吧……（直接引导顾客体验）

导购：（如果顾客不是很配合）小姐，我发现您对这款鞋子似乎不是很有兴趣，其实，您今天买不买真的没关系，不过我是真的想为您服好务。请问是不是我刚才的介绍有什么问题，还是您根本不喜欢这个款式呢，您可以告诉我吗？谢谢您！（如果顾客说不喜欢这个款式，则转入询问推荐阶段。）

还是以上面的例子分析，如何引导顾客试穿是许多鞋店导购人员困惑的问题，这个语言模板首先肯定顾客眼光，然后以专业自信的口吻建议顾客体验，并且用自己的肢体很坚决地引导顾客去试穿。在遇到顾客拒绝体验的时候导购人员不要放弃，继续自信地给对方提供体验的理由，并顺势再次做引导体验，整个过程自然、流畅，让顾客有不好意思拒绝的感觉。

（1）体验的过程就是强化信仰的过程

走进碧桂园的所有样板房，你的感受就是碧桂园的“给您一个五星级的家”；全球著名软饮料品牌可口可乐的核心理念是“传递快乐，分享畅爽时刻”，它的所有活动体验都是在贩卖“快乐”，体现“分享”；全球最大的咖啡连锁店星巴克最成功的地方是把典型美式文化逐步分解成可以体验的元素，独特地创造出以“星巴克体验”为特点的“咖啡宗教”。

“重视顾客”和“顾客角度”，是让顾客体验的核心，它注重的是研究顾客在购买、消费的过程中的体验感官，通过强化对产品的认识，实现营销。让顾客有一种归属感并产生信仰，这才是导购人员做到的最成功的地方。

（2）体验中要注意顾客的反应

在全球最大的咖啡连锁品牌——星巴克，速溶咖啡的售价是每小袋（一杯）1元，要享受咖啡店里的服务就得付5－20元一杯。在星巴克咖啡店，价格却是几十元一杯。在星巴克，人们品尝的不仅仅是咖啡，而是一种超值的“星巴克体验”。

星巴克努力使自己的咖啡店成为人们家庭和工作以外的一个舒适的社交聚会场所，成为顾客的另一个“起居室”，既可以会客，也可以独自在这里放松身心。在这种时尚且雅致、豪华而亲切的浓郁环境里，人们放松心情，摆脱繁忙的工作，稍事休息或是约会，得到精神和情感上的满足与补偿。

在星巴克，咖啡只是一种载体，通过这一载体，星巴克把一种独特的情调传送给顾客。星巴克品牌似乎成了咖啡的代名词。也正因为此，星巴克咖啡的利润约等于行业平均利润的5倍。

同样的案例还有宜家、哈根达斯、IBM、雀巢等世界500强企业。成功最快捷的方式是借力和模仿，导购人员可以借鉴的是，将体验融入产品和服务中，让顾客的钱在愉快的体验中，不知不觉地被摸走，这就是体验经济带来的顾客效应。

【金牌导购战术】

企业发展的根本是顾客，而体验是建立产品与顾客联系的桥梁和载体，也就是让顾客在体验中和产品发生关系。导购人员要做的就是为顾客搭建好这个体验平台，逐步引导顾客进行产品体验。让顾客亲自去体验，把他们置身于情境中，这是最好的营销方法。

5. 怎样推销顾客不感兴趣的产品

很多时候，导购人员给顾客讲解了很多产品的相关知识，最后却换来顾客的一句，“我对这个产品还是不太感兴趣，你能再为我讲一下这个产品怎么用吗?”这时导购人员就会“晕菜”了，认为不感兴趣还让我给你讲那么多，这不是浪费我的时间嘛。然而顾客就是上帝，导购人员的职责就是要通过自己的语言技巧，让顾客认可产品并达成交易。

有些顾客在购买产品的时候是有自己的明确目标的。如果这个时候导购人员上来就给顾客介绍他们不感兴趣的产品的话，很容易引起顾客的反感。但是有些时候导购人员需要向顾客介绍一些顾客并不感兴趣的产品，这其中有很大的学问。

如果顾客对你的介绍不感兴趣，要改变他们的想法，关键是要导购人员在销售过程中，让顾客感觉到你是在帮助他，如果他购买你推荐的产品，那么他一定会从中得益。让我们先来看一个成功推销员的故事：

在“电”发明初期，民众因为对它不了解，所以不感兴趣，要成功推销出去是有难度的。有一次，威伯到一个州的乡村去推销电，他叫开了一所富有农家的门，户主是位老太太。他一开门见到是电气公司的，就猛然把门关上。威伯再次叫门，门勉强开了一条缝。威伯说：“很抱歉，打扰您了。我知道你对电不感兴趣，所以这一次登门并不是来向你推销的，而是向你买些鸡蛋。”老太太消除了一些戒意，把门开大了一点，探出头来，用怀疑的目光望着威伯。威伯继续说：“我看见您喂的明尼克鸡种很漂亮，想买一打新鲜的鸡蛋回城。”接着充满诚意地说："我的来航鸡下的蛋是白色的，做的蛋糕不好看，所以，我的太太就要我来买些棕色的蛋。"

这时候，老太太从门里走出来，态度比以前温和了许多，并且和他聊起了鸡蛋的事，威伯指着院子里的牛棚说："太太，我敢打赌，你养的鸡肯定比你丈夫养的牛赚钱多了。"老太太被说得心花怒放。因为长期以来，她丈夫不承认这个事实。于是她把威伯视为知己，并高兴地带他到鸡舍参观。威伯一边参观，一边赞扬老太太的养鸡经验，并说："您的鸡舍，如果能用电灯照射，鸡的产量肯定还会增加。"老太太似乎不那么反感了，反问威伯用电是否合算。威伯给了她圆满的回答。两个星期后，威伯在公司收到了老太太交来的用电申请书。

威伯的诀窍就在于他不急于求成，而是采用了由小到大的口才能力，招招紧跟的说服方法，一步一步具体而又细致地为对方剖析情势，为其出谋划策，这样就逐步地把双方的心理距离拉近了，促使老太太态度一点一点地发生改变，就这样由小到大一步一步逼近预定目标，最终取得了说服的成功。

如果顾客开始时对你所推销的产品不感兴趣，那么导购人员需要一些什么技巧来改变顾客的想法呢？

（1）向顾客介绍你的想法而不是你的产品

注意，不管产品如何，每个顾客都会要求导购人员回答一个问题："他对我有什么用？"也就是说，顾客并不关心你的产品是什么，他关心的是你的产品能干什么，对他有什么好处，有哪些帮助。所以作为一个优秀的导购人员在销售你的产品时，想想这个产品能为顾客做些什么。

（2）让顾客感觉到有面子

每个人都有自己的想法和立场，导购人员在整个的销售过程中要顾客放弃所有的想法与立场，完全接受你的意见就会让顾客觉得很没有面子，特别是一些有关个人主观喜好的情形，例如：颜色、外观、样式。

(3) 注意语意明了，表达清晰

一方面，导购人员如果在说服顾客时用词坚定、比较自信，那么会给他一种可信的感觉；另一方面，导购人员的非语言行为也同等重要，如果在与顾客进行目光接触时表现得充满自信，那么不管你说什么都会让顾客感觉到真实可信。

当然还有一个更加快捷的方法来增加顾客对商品的兴趣，那就是为顾客提供赠品。因为绝大多数的顾客都希望能用最少的钱买到最好最多的商品，同时要是能免费赠送一些的话，顾客更会感觉到物超所值了。

所以，提供一些小恩小惠给顾客，就会让顾客心甘情愿地掏腰包，会感觉从你这里买东西很值、划算，并且有一种占到便宜的感觉，还会让他们觉得心里舒服。事实上，让顾客产生捡便宜的感觉的销售，才是到位的销售。这样顾客下次还会光顾，导购人员无形中为自己赢得了更多的回头客。

【金牌导购战术】

作为导购人员一定要做好被顾客拒绝的准备，并且掌握一些技巧，成功地化解顾客对你的偏见，让他对你所介绍的产品感兴趣，让他觉得只要购买了你推荐的产品后，自己的生活会变得更好更快乐。当然这些技巧不仅需要导购人员多学习，最重要的是不断地将所学知识应用于实践。

6. 不推销产品，而是推销概念

在推销的过程中，导购人员要学会将产品融入概念。导购人员向顾客进行推销的目的，是要顾客购买产品。但在这个推销的过程中，需要导购人员把产品的概念放在第一位。虽然产品的优质占据主要地位，但是产品的概念却往往比优质更重要。

要证实产品对顾客有何好处，最好的办法就是示范——向顾客示范要推销的产品。这样做不仅能够给人以直观的印象来吸引顾客的注意力，而且还能使顾客对产品直接发生兴趣。示范的效果将决定着导购人员推销的成功与否。

有些时候概念会从产品中自然而然地产生，而其他时候概念是被创造出来的。让我们来看一个导购人员的真实案例：

通用公司是一家主要以生产照明设备的公司，其设备大都用在学校教室黑板的照明。这种产品不但价格贵，还是易耗品。所以，通用公司的产品并不是那么好销售。

每个导购人员都有固定的负责区域，可是销售人员走遍了所有的学校，购买这种产品的学样是少之又少。公司很是着急，对于这种情况也不知道该如何是好。

这时有一个导购人员想到了一个主意，那就是到现场给学校的老师们做个现场示范。大家对这位导购人员提出的主意非常的怀疑，不知道能否成功。于是这位导购人员找到了一家联系了无数次，说了无数次好话均无结果的小学。

导购人员来到这个小学，说服了校长，把老师们都集中在一个教室里面，而他则是拿着事先准备好的细钢棍站在教室的黑板前。两只手各持钢棍的一端，说："先生们，你们看，我把双手同时用力，就能把这根钢棍折弯，但我要是不用力它就又直了。但如果我把所有的力量都用上的话，就超过了这根钢棍的最大承受能力，那么钢棍因承受不了就会断裂。同样，孩子们的眼睛就像是这根钢棍，如果超过了孩子们所能承受的最大限度时，视力就会受到严重的影响，而无法恢复。到那个时候，有多少钱也买不来孩子们的健康，多少钱也无法弥补了。"

听了销售人员的话，老师们开始窃窃私语，这时导购人员又说："虽然我们公司的产品价格有点贵，但它的寿命也是非常长的，而且如有损坏，公司还负责上门免费维修，请你们放心，我们是一个非常守信的公司，有什么问题，只需打一个电话，我们就会上门服务。"

校长听了导购人员的话，看了导购人员做的示范，确实体会到了这种产品给孩子们带来的很多的好处，表示商量之后，再做决定。

没过多久，导购人员就接到了学校的电话，通用电器公司也终于能够如愿以偿，打开了新的销售局面。

导购人员在推销过程中找到产品的概念并不是件容易事。他需要一个思考者所有概念性的技巧，才能提出正确的创意，找出正确的定位。概念的说服力要比语言的说服力大上许多倍。在促销过程中，一个简单如火柴这样的小物体，就能起到决定性的作用；有的时候，说服顾客，数字的运用也是非常重要的。用数字来说明产品的性能等问题，那就更好了。只有这样，产品才具有很强的说服力，才能让顾客们有着更深入、更透彻的理解，最重要的是顾客就会有一种自我认同的感觉。

归根结底，导购人员所做的一切努力，都是为了引起客户的兴趣，从而达到销售的目的。只要让客户能够亲耳听到、亲耳看到、亲手摸到，客户就会更容易购买产品。所以说，示范的说服力远远大于口述的说服力，只有懂得运用客户的这种心理，才能实现推销的最终目的。

【金牌导购战术】

通常概念的力量比产品更能够吸引人，就像是人们对于健康、对于运动的坚持，只要一个观念在脑海中形成，人们就会把它当做一种价值观来坚持，那么顾客对该产品的购买力度也就会变得不容小觑。

7. 用“免费的午餐”促销

对导购人员来说，把“想要吃免费午餐”的心理运用到销售过程中，会产生意想不到的化学效应。如果你想从顾客那里获得什么，不妨先给予顾客些什么，只有顾客从你那里得到一些好处，他才会产生一种“负罪感”，从而来购买你的产品。

如今的商家会运用各种各样的手段来推销，比如说买一赠一的优惠，节假日的折扣，清仓甩货的噱头。虽然都知道商家是留有足够的余地来获得利润，很多顾客还是趋之若鹜。目的很简单，就是希望能少花一点钱，买到个好的商品。而在众多的促销手段当中，最有效的还是“免费的午餐”策略。不用花一分钱的诱惑，绝对可以激起顾客强大的好奇心，达到商家吸引顾客的目的。

不可否认，通过为顾客提供一些免费的产品，可以让顾客觉得占到便宜，事实上，不需要通过一些实物，只是一个小小的帮助对顾客来说都可以说是“免费的午餐”，因为即便是导购人员也没有责任与义务为顾客提供额外的服务。

一位女士带着儿子走进一间保健品店。

导购人员张伟：“您好，女士！您需要点什么保健品？”

女士：“只是随便看看。”这时，儿子突然吵着要出去，女士开始哄儿子。

导购人员张伟：“女士，这样吧，我来帮您看着小弟弟，等您看完了再来抱回他吧。”

女士：“这怎么好意思呢？”

导购人员张伟：“没关系的，小弟弟这么可爱，我很喜欢他。”

女士："那就麻烦你了。"说完，开心地去看保健品。买完她想要的保健品后，回来接儿子。

女士："辛苦你了。"

导购人员张伟："没什么，我应该做的。"

女士："你这有适合我的保健品吗？"

导购人员张伟："这种是新出的保健品，目前很受消费者的欢迎，仅昨天就卖出50盒。您看看这种产品怎么样？……"

女士："看起来还不错，那我先买3盒吧。如果到时感觉不错的话，我会尽量让我的那帮姐妹们也过来买。"

导购人员张伟："女士，忘了告诉您。我们这种产品专门就是为像您这样美丽大方、皮肤又好的女士设计的。"

在中国讲究"来而不让非礼也"，当导购人员给顾客提供了某些好处，或者做出了一些让步，顾客本能的就会想到要用一种方式来报答他，那样，心里才会觉得安逸，否则将会觉得不自在，总觉得欠人家点什么，对于顾客来说，最好的回报就是购买导购人员推荐的商品。

建立在"免费午餐定律"基础上的负债感成交法，实质是利用顾客在接受别人的恩惠、馈赠、帮助后，会想法设法去"偿还"的心理。导购人员要学会充分利用顾客这种心理，巧妙布局给顾客一些好处，从而让自己的销售业绩步步攀升。

(1) 主动让顾客"欠"你的"债"

◎了解顾客。你可以通过多种途径，比如网络、杂志等等收集客户的资料，全面了解你所要面对的顾客；也可以及时观察顾客，从顾客的着装、行为举止、说话语气等来判断顾客的经济实力和性格特征。对顾客有个大概了解后，便可以寻找机会"帮忙"。

◎仔细观察。与顾客交流时，你要仔细观察他的每一个动作，认真倾听他的每一句话，不放过一个细节，边交流边思考，看是否有你可以"帮小忙"的地方。

◎紧抓机会。当遇到可以为客户提供帮助的机会，千万不要错过，你现在的“帮忙”，会为你以后的工作带来丰厚的回报。

（2）具备良好的心理素质

当你真正去关心别人，帮助别人解决一些问题后，大多数人都会有感恩的回报。当然，也会有些人不为所动、无动于衷。正所谓“林子大了，什么鸟都有。”这样的人毕竟是少数，所以导购人员要具备良好的心理素质，遇到“麻木”的顾客，不要受到打击，大可以见机放弃使用负债感成交法。要始终坚信，顾客都是善良的，这就足够了。

（3）与顾客同乐

给顾客一些小恩惠，自然是想得到客户的回报。但不可否认的是，在帮助别人的同时，其实我们在无形之中也得到了快乐。毕竟，如欲取之，必先与之，助人为快乐之本！

销售，其实就是导购人员与客户之间打的一场心理战，谁会在这场战争中取胜，不仅要看谁斗智斗勇的本领高，还要看谁能在心理上占据优势，能够让对方心悦诚服。

很多商家总想将投入减到最小，让收益最大化。但生意场上买卖双方的利益不一定是互相矛盾的，有的时候也是相统一的。商家提供的产品可以满足顾客的某种需要或便利，而商家也需要通过扩大知名度和口碑效应等等，来赢得顾客认同和销量的提高。因此，聪明的商家一定要学会寻找彼此之间的需求结合点去平衡这种利益关系。

【金牌导购战术】

导购人员在销售过程中，要注重免费午餐定律的使用，在达成生意之前要先给顾客一些“恩惠”，让顾客产生负罪感，继而引发出顾客的回报心理，当导购人员用心地去“帮助”顾客的时候，往往会得到意想不到的收获。

8. 在销售中建立长久的业务联系

看看自己身边的朋友，就会发现其中一定有自己的影子。那是因为，每个人都会通过寻找自己的同类来互相取暖，与志同道合的朋友在一起，总是会觉得很自在，很舒服，没有任何负担。

对导购人员来说，如果你刚刚见到顾客，就拼命推销产品，对方通常会感到反感。而当导购人员换一种方式，先抛下产品不说，而是多跟顾客聊天，成为好朋友，继而再向顾客推销产品，相信那时的成功率会大大增加。而一旦交易达成，顾客与导购人员之间的关系就会又进一层，这时的顾客对导购人员来说就是一名老顾客了。

导购的工作一方面是要把自己的产品成功地推销给自己的顾客，另一方面要注意为自己建立长久的业务往来顾客。这就是说，不能轻易丢掉每一个有可能成为长久顾客的人，要在每一次的导购过程中注意建立和顾客的友好关系，在顾客下次有购买类似产品的时候，第一个想起的人是你。

推销也是一种经营关系，导购人员首先要学会与顾客交朋友，搞好人与人之间的关系，有了关系，自己的推销自然就会水到渠成。

老顾客对于导购人员的意义其实并非介绍新顾客那么简单，通过与顾客建立一些长久的业务关系，可以让双方都感受到交流的温暖，把顾客变成朋友，把顾客当成亲人，可想而知，这会是一笔怎样的财富。

虽然说和顾客建立良好的、长久的业务联系对于导购人员来说是至关重要的，但是并不是所有的导购人员都能意识到这一点，结果往往导致很多顾客在导购人员的忽视中流失掉了，这是对导购的一大损失。作为一名成功的导购，首先要学会的不是如何推销你的产品，而是如何为自己建立业务圈。

对于初涉导购行业的人来说，很难有老顾客，这个时候就要利用每一次导购过程讨好自己的顾客，重视加强和顾客的情感交流，特别是和少数老顾客的情感交流。

（1）加强个性化的服务

维护老顾客需要服务方面的创新，导购人员要根据顾客本身的价值和利润率来细分顾客，并密切关注高价值的顾客，使顾客在购买过程中获得产品以外的良好心理体验。就像美国西南航空公司，为了安抚不断投诉航空服务的顾客，专门设立了一个“首席道歉官”，他的任务就是向投诉的顾客道歉，相信这种道歉会给顾客留下深刻的印象。

（2）重视顾客的投诉和建议

有关调查显示：95%的不满意顾客是不会投诉的，当然他们有更狠的招数，那就是不再购买你的产品。针对这一问题的最好解决方法就是要方便顾客投诉，不怕顾客投诉。一个优秀的导购人员应该以顾客为中心，应该为顾客投诉和提建议提供方便的途径。

（3）准确把握与顾客的关系

每个人都有自己的生活圈，也有自己的朋友圈。导购人员不要整天忙于推销产品，而是要学会修建自己的“管道”，只要“管道”建立起来了，那么业绩就会随之提高。因此，导购人员要准备把握人与人之间的关系，尽快建立起自己的朋友圈。

良好的感情基础是良好关系的开端，也是关键，在和顾客培养了良好的感情之后，才能把顾客固定在自己的业务圈子里，尽量让每一位前来购买的顾客成为自己的长久顾客。

【金牌导购战术】

人与人之间建立关系，其实是很简单的事情。导购人员要寻找自己的朋友顾客，学会与各式各样的人打交道，交朋友，为自己建立良好的人际关系，最重要的还是要长久的维持这种朋友关系，不要时间长了就忘记了自己的老顾客，避免尴尬的出现。

第八章 扮演好“救火队长”的角色——善于化解顾客的异议

作为导购人员，要做好应对不同顾客的心理准备，尤其是那些难应付的顾客，面对他们的刁难，一定不能有抵触的情绪，把每一位顾客都当作是上帝来对待，用100%的热情来为他们服务，用自己的真诚来感动他们。同时金无足赤人无完人，每个人都会犯错，如果导购人员在销售过程中犯了错误，更要在顾客面前勇于认错，来得到顾客的谅解，从而为自己在顾客心中留下一个良好的印象打基础。

1. 搞清楚顾客为什么抱怨

顾客服务是一项非常富有挑战性的工作，行业竞争的加剧，顾客期望值的提升，不合理的顾客需求，顾客需求的波动，超负荷的工作压力，无法解决的顾客诉求，都是作为导购必须要面对的种种挑战。这就需要导购保持一种良好的心态，搞懂顾客为什么抱怨，并予以解决。要知道，了解顾客内心的真实想法，并着力解决，才能推进工作，实现更多的成交量。

大多时候，顾客抱怨是不会直接说出自己抱怨的原因的，这个时候尤其容易会让导购人员丈二和尚摸不着头脑，不知道该从哪里下手化解顾客的怨气。没有了解顾客抱怨的原因就没有办法化解矛盾，矛盾不化解只能加深彼此的误会，也将影响今后对于顾客的推销工作。

通过一个小例子，看看到底是什么原因导致顾客产生抱怨的情绪：

某位顾客在××品牌终端店买了一台索尼摄影机，买回家拍了一段，在摄影机上观察效果不错，可是传到电脑却不行了。为什么呢？因为电脑所下载的播放软件原因，但当时这位顾客不知道是这种原因，就生气地跑到那家店里。在店里当场再试播，导购人员此时才指导这位顾客要重新下载新的播放软件来支持画面播放。

从时间来看，××品牌终端店的导购人员服务不到位就体现出来了。平常，导购人员以为自身的工作已经达到了组织的管理要求，但是对于顾客的要求导购人员却没有全面考虑周全。同样在机车销售行业，服装销售行业，都存在着很多的顾客抱怨行为。常见的产生顾客抱怨的原因主要有以下几种：

（1）导购人员的态度不好

这是造成顾客抱怨最为普遍的原因，因为在交易过程中，不仅仅是物物交换，还要加上人的情感，只有在交易过程中把物物交换转化为人与人情感的交流和沟通，才能使交易变得更加顺畅。在服务系统中的顾客满意与不满意，往往取决于某一个接触的瞬间。如：导购人员对顾客的态度不友善、结算错误、让顾客等待的时间过长、服务环境的公共卫生状况不佳、安全管理不当、店内音响声音过大、服务制度存在缺陷等，都是造成顾客不满、产生抱怨的原因。美国管理协会所做的一项调查显示，68%的企业失去顾客，原因就是导购的服务态度不好。

（2）虚假信息导致顾客不满

有些导购人员在向顾客进行产品介绍的时候，常常有夸大产品的价值功能的现象，不合实际地美化产品。

比如，有的导购在宣传产品时，刻意表达一些产品本身不具备的功能或特征，就像某某保暖内衣在宣传时宣扬采用太空材料制成，可以运动生热、超强保暖，事实却证实这款内衣不过是普通化纤制成，至于运动生热，只不过以人体运动生热来混淆视听，并非衣服本身可以生热，保暖效果也不比普通内衣强。这些情况如果让一个懂内行的顾客揭穿，就很有可能造成其他顾客的强烈抱怨，这时导购就会显得有口难辩。

遇到这种情况时，导购人员一定要保持冷静，千万不能慌乱，否则会造成更多顾客的不满，这就需要导购运用自己了解的专业知识，为顾客介绍产品所具备的优势以及不足的地方，从而得到顾客的谅解。

（3）顾客的期望没有得到满足

顾客抱怨的原因就是商场所提供的产品或服务，和他原先的期望值不同，低于他的期望值。造成落差的原因主要有两点：

第一，基本面。基本面的原因是属于公司整体的作为，不是单一的导购人员所造成的。公司的形象塑造得太好了，以至于顾客的期望值相对就水涨船高。公司的文章宣传写的太漂亮了，因此顾客有更美好的期待，结果当然不容易令顾客满意。当公司的政策不够明确，或者中途刹车或急转弯，导致导购和顾客都无所适从。

第二，技术面。技术面的原因多半是个别的导购人员造成的，大致上都是服务不周所致。对导购的训练不足，以致无法达成公司原先所设定的要提供给顾客的水平。导购人员的经验不足，在与顾客进行互动的过程中，制造出顾客的误解，或让顾客产生不必要的期待。导购之间的默契不够，导致顾客在不同的导购人员中不同的标准，就会造成落差。导购人员的警觉性不够，导致被某些顾客投机取巧，必然就会造成其他顾客的不满。

（4）其他心理层面的原因

顾客有其他心理层面的顾虑，主要是期望得到一种心理补偿，从中获得额外的利益。也可能是一种心理投射作用，使他想找导购人员互动。当然也不能排除这个顾客是怀有敌意而来的，甚至在很极端的情况下，这个顾客有可能是同业派来的“间谍”。

面对顾客的抱怨，导购人员要反省一下，看看自己哪些地方做得不到位，积极查找问题的症结，及时改正。只要认真从自身找原因，不断改进服务意识，就能有效化解顾客抱怨。

【金牌导购战术】

搞清楚顾客抱怨的原因，不断改进自己的服务，聪明地处理顾客的抱怨，从中发现有价值的商业信息。最重要的是，从解决顾客的抱怨过程中，赢得顾客的口碑和信任，才能完成从优秀到卓越的转变。

2. 面对刁难要淡定

有时，导购人员会遇到比较刁难的顾客，他们或是要求你不厌其烦的讲述产品的功效以及用途，或是对你所说的话视而不见，这些情况总是会让导购感到恼火。面对刁难，人们的本能会觉得懊恼、羞愧，甚至恼羞成怒。尤其是对导购来说，每天要面对不同的顾客，如果在面对顾客刁难的时候，无法克制自己，发生冲突，就会严重影响与顾客的沟通效果，难以建立与顾客的良好关系。

其实现实生活中，没有处在利益交集处的人很容易和睦相处，这个世界上并没有很多难以接触的人。一般情况下，顾客刁难导购人员只是想要得到最好的服务，或者以最好的条件买下想要买的产品。所以刁难人的顾客并不是就不能搞定，遇到这样的顾客，首先要做的就是告诉自己：要淡定。

导购人员学会正确与顾客进行沟通是非常重要的，导购需要记住的是，与顾客沟通的目的是推销产品，不是辩论会，因此要学会用自己的豁达心，换位思考来把握顾客的心理和需求，用平静的心态化解顾客的刁难。

一天，珍妮去某化妆品店购买某品牌的洁面乳。到了店里，导购人员告诉珍妮她要买的那一款洁面乳今天卖完了，便推荐了同一品牌的另外一款洁面乳。珍妮本来想明天再来买的，可是看导购人员那么热情的为自己推荐，而且说效果是一样的，便决定买下。

到了家中，珍妮仔细阅读使用说明后，发现这一款是控油的，不是自己需要的那一款。于是第二天便拿到该店要求退货。导购人员一听要退货，脸色马上就拉了下来，完全跟先前推销时判若两人，并以产品质量没有问题为由，不予退货。

听到这里，珍妮气愤的说：“我当时就不想要这一款的，是你说的都一样的，非要推荐这个给我……”导购人员心不在焉的听着珍妮的抱怨，满脸不屑一顾。珍妮再和她理论的时候，导购人员干脆自顾自的玩手机，根本不搭理珍妮，这下可把珍妮给激怒了，直接找商场部门经理投诉这个导购人员。

案例中的导购人员完全可以换一种方式来处理问题。譬如告诉珍妮：“我们不能退货，但是可以换货，您要是喜欢用那款产品的话，等有货了，您随时可以来换。”这样既不至于被投诉，也能为自己积攒一个客户源。

那么，在面对顾客的抱怨时，学会如何恰当的处理问题，对于导购人员来说是很必要的。接下来就为导购介绍一些处理顾客抱怨的方法：

（1）有效聆听

导致顾客抱怨的因素很多，因事而异，因人而异。由于产品问题引起顾客抱怨以致投诉是一种常见的顾客不满的表达形式。在服务业迅速发展的今天，由于服务问题而引起的顾客抱怨并不少见。顾客抱怨如果得不到妥善处理，会给商场带来巨大的经济损失，影响是巨大的。通常情况下，顾客对商场不满意的话，总会带着怒气。面对顾客强悍的怒气，不要害怕，也不要冷漠，更不能正面冲突。当顾客还没有将事情全部讲述完，切忌中途打断，做言辞上的辩解。在倾听的时候，导购人员应该以专注的眼神及间歇的点头来表示自己正在仔细的倾听，让顾客觉得自己的意见受到重视。有效倾听不仅是一种动作，还必须了解事情的每一个细节，然后确认问题的症结所在，并将重点记录，以便决定后续的应对方式。

(2) 明确表态

顾客永远是上帝，顾客有权要求导购人员将服务做得更好。在顾客情绪平息下来后，导购人员应该及时、明确地表明态度，认可他们的抱怨，并表示愿意作出补救的措施。值得注意的是，明确表态的时候勿忘微笑。微笑是最值钱的东西，一个微笑往往会取得意想不到的成功。当顾客抱怨时，导购人员要面带微笑的与顾客交谈，这样有利于化解矛盾。

(3) 妥当解决

导致顾客抱怨问题的原因很多，处理顾客抱怨的技巧方面也各有不同。譬如，处理商品使用不当引发的顾客抱怨时，如果商品受到损害，责任又属于店方，则应该以新产品来交换旧产品为补救方法。如果顾客同意修理，要马上修理。如果调换了商品仍不能挽回顾客的损失，商家就应该采取一定的措施给予补偿安慰。

(4) 顾客回访

顾客的抱怨问题解决了，并不代表顾客的抱怨没有了。所以，一定要及时回访，了解顾客对处理结果是否满意。如果回访过程中发现新的问题，要继续跟进。

(5) 结果检讨

导购人员要做好总结归纳，对已发生的顾客抱怨的情形及解决办法给予记录，总结成功经验，弥补其中不足，避免出现类似情形。

最后，对顾客的批评和不同意见要表示感谢，正是因为关心同一件事情，才会产生不同的意见。把顾客当做是对自己有帮助的人，也许你们就会成为朋友，也能有效的化解顾客的刁难。

【金牌导购战术】

面对顾客的刁难时，导购人员一定要锻炼自己的平常心，避免争论，积极的去解决问题，尽量做到让顾客满意，因为这不仅能够给顾客一个良好的印象，同时也会为自己建立良好的口碑，从而赢得更多的顾客。

3. 学会向顾客提问

导购成功的秘诀就在于找到顾客内心最强烈的需求。作为一名导购人员来说，怎样运用口才的力量去挖掘出顾客内心中这种深藏不露的需求呢？有一个最简单的方法就是不断地向顾客提问。

在与顾客沟通的过程中，你问的越多，顾客回答的就会越多，相应来说，暴露出来的问题就会越多，这样导购人员就可以逐步化被动为主动，提高成功交易的几率。常言道：“关键不在于你说什么，而在于你怎么说。”这句话很有道理，只有通过提问发现顾客的需求，才能迎合他们的心理需求，为自己赢得销量。

下面以服装导购人员为例，简要介绍作为一名服装导购人员，应该如何向顾客询问问题，了解顾客的需求，从而更好地把握销售时机。

1. 问“简单”的问题

在询问顾客的时候，要尽量选择问顾客一些便于回答，有利于拉近彼此距离的问题，例如：

（1）“您需要什么价位的衣服？”

（2）“您平时喜欢穿什么颜色的衣服？”

2. 问对方回答“是”的问题

导购在销售过程中询问顾客的时候，要尽量选择要求对方回答“是”或者“不是”的问题，这样顾客会觉得你所提出的问题是你为他的情况所考虑的一种建议，这样也有助于消除隔膜感觉，拉近双方的距离。例如：

（1）“所以质量是很重要的，您说是吧？”

（2）“运动休闲，最重要的是穿起来舒服，您说是吧？”

（3）“如果穿起来不好看，买回家也不会去穿它，反而浪费钱，您说是吗？”

3. 二选一的问题

同样的，当导购跟顾客提出二选一的问题时，顾客很容易针对导购的问题条件反射性地做出回答，这种问法一般是用在顾客有意向购买的情况下。例如：

（1）“您是喜欢橙色的还是绿色的？”

（2）“您要七分裤还是九分裤呀？”

（3）“您要一件还是两件呀？”

4. 开放式问题

开放性问题是导购提出的没有指向性的问题，当顾客针对导购的问题做出了回答之后，导购可以进一步提出一些开放性的问题，以便了解顾客的需求，也有利于销售。

（1）“您喜欢休闲一点的还是……？”

（2）“您比较注重的是面料、款式还是……？”

（3）“您喜欢的颜色是……？”

（4）“您喜欢的款式是……？”

（5）“您喜欢的风格是……？”

（6）“您想搭配什么颜色的上衣？”

（7）“您是打算什么时候或是什么场合穿的？”

5. 封闭式问题

封闭式问题是有指向性的问题，顾客只能按照导购既定的方向思考。封闭式的问题有助于导购更清楚地了解顾客所希望购买的商品的特点，收集更多的顾客信息，便于有的放矢的进行推荐。例如：

(1)“您是想用来搭配外套吗？”

(2)“您想要用来送人的吗？”

(3)“这个款式有红色和白色，您想要什么颜色？”

(4)“您平常穿什么尺码的裤子？”

(5)“您平常喜欢宽松装还是修身装？”

(6)“您平常喜欢休闲一点还是时髦一点？”

6. 销售中错误的应对方式

(1)“您要试穿看看吗？”

(2)“今年流行绿色，您喜欢吗？”

(3)“小姐，这件上衣您要不要？”

(4)“您以前穿过我们品牌的衣服吗？”

(5)“您听说过我们这个品牌吗？”

(6)“这件很适合您，您觉得呢？”

上述问题都容易造成导购与顾客之间的理解错误，不利于产品的销售及售后服务的开展。

值得注意的是，导购人员在提问的时候，还需要时刻注意顾客的情绪。当顾客情绪高涨时，可以抓紧时间多问、深问；反之就少问。同时还要注意提出的问题要有逻辑性，这样才能准确问出顾客的需求。

要想挖掘顾客的需求，导购人员就必须给顾客说话的机会，让顾客尽情发挥自己的真实想法，这样才能找到顾客真实的需求点。因此导购人员必须学会向顾客提问不能自己一直介绍个没完，这只能导致销售以失败告终。

那么，在什么时候向顾客提问是最恰当的时机呢？

(1) 先入为主，以顾客为导向

一般而言，在顾客进门之后，很多导购人员总是会时刻观察顾客，并找准时机将顾客引向自己的产品范围之内。但什么时候，导购人员才能主动出击呢？可以是顾客长时间注视某一件产品时；顾客和同伴评论起某产品时；顾客扫视店面像是在寻找什么的时候。

（2）在顾客发言完毕以后再提问

如果说导购人员已经成功地接近了顾客，并与顾客展开了良好的沟通。那么导购人员就更不能掉以轻心了，同时还应该注意将提问也贯穿于沟通之中，这样才能进一步探寻到顾客的潜在需求。

需要注意的是，提问应该在顾客表达完自己的意思之后再进行。打断顾客的谈话，贸然提问是一种很不礼貌的行为，即便是在交谈之中，导购人员发现了问题，也不要打断对方。可以将问题记录下来，等顾客把话说完整后在进行提问。

（3）抓住顾客即将离开的瞬间

导购人员可以在闲暇时细心观察顾客，一旦发现顾客有即将离去的意思或是走完大半个店面，即将离开的时候，就需要拿着宣传单迅速上前给顾客推荐产品。可以这样提问："小姐，现在我们正在换季甩卖，全棉睡衣半价销售，您是否看看？""太太，您看这种款式的童装您是否喜欢呢？带给家人或是送给朋友都是比较不错的礼物！"

只要让自己的产品能够吸引顾客的注意，并将其顺利留在柜台，那么就能在很大程度上留住顾客，为自己增加成交的几率。

【金牌导购战术】

不能充分了解顾客，就无法满足他们的需求。作为导购人员，一定要想办法知晓顾客的具体需求，提问有助于导购人员了解顾客的需求，找到应对策略，从而让销售进程越来越容易掌控。

4. 在顾客面前勇于认错

人非圣贤，孰能无过。承认错误并不丢脸，如果导购犯了错误，尽量去弥补，如果弥补不了，就勇于承认错误吧，用上我们最真诚的歉意！

自己做错了事，就要勇于去承担，如果害怕承担错误，把所有的责任推卸掉，不仅会引起顾客的反感，要是顾客奋起反驳，最后只能是闹得不欢而散。

生活中，通常一个人犯错误的时候，非但不会主动承认自己的错误，反而极力地为自己辩解，甚至制造另一个错误来掩饰前面的错误。但是这对于导购人员来说，无疑是致命的错误，当导购人员在推销过程中，知道自己的确错了，也知道很有可能会受到顾客的责备时，为什么不能先发制人，自己先责备自己呢！

犯错误并不可怕，可怕的是我们没有承认错误的勇气。每个人都想表现出自己的高贵人格，当你认错的时候，刚好满足了这种表现。因此，当你勇于承认错误的时候，顾客并不会怪你，相反，他们会从心底里信任你，接受你，你会给他们留下坦诚、负责任的好印象。

哈尔德·伦克是美国道奇汽车在蒙大拿州比林斯的代理商，他做得很好。他说："汽车销售这个行业压力很大，开始我在处理顾客的抱怨时，常常冷酷无情，于是造成了冲突，使生意减少，以及产生种种不愉快。了解到这种情形对我的工作并没有好处后，我就尝试另一种办法。我会这样说：'我们确实犯了不少错误，真是不好意思。关于你的车子，我们可能也有错，请你告诉我。’这个办法很快能使顾客解除武装，而等到他气消之后，他通常就会更讲道理，事情就容易解决了。很多顾客还因为我这种谅解的态度而向我致谢。其中有两位还介绍他们的朋友来买新车子。我相信对顾客所有的意见表示尊重，并以灵活和礼貌的方式加以处理，就会有助于生意成功。”

事实上，承认自己也许错，就绝不会惹上麻烦。这样做，不但会避免所有的争执，而且可以使对方跟你一样地宽宏大度，承认他也可能弄错。承认自己有错虽然让你有些难过。但事情往往会成功，以此来冲淡你认了错之后的沮丧，况且在绝大多数时候，你最终还是要把对方的错误纠正过来，只不过不是在一开始，而是在气氛和谐下来后。

作为导购人员，如果知道自己犯了错误，会有顾客过来责备你，就自己先把对方要责备你的话说出来，那顾客就会拿你没办法了。十之八九他也会以宽大、谅解的态度对待你。

一个人有勇气承认自己的错误，还可以获得某种程度的满足感。这不只可以消除罪恶感和自我防卫的气氛，而且有助于解决这项错误所造成的问题，即使是傻瓜也会为自己的错误辩护，但关键看是如何辩护，能主动承认自己错误的人，就会收获一种怡然高贵的感觉。

如果说智慧和勤奋像金子一样珍贵的话，那么，还有一种东西更为珍贵，那就是勇于负责的精神。勇于负责是一种积极进取的精神。当一个人想要实现自己内心的梦想，下定决心改变自己的生活境况和人生境遇时，首先要改变的是自己的思想和意识。要学会从责任的角度入手，对自己所从事的事业保持一个清醒的认识，努力培养自己勇于负责的精神，这才是成功的最佳方法。

在这个商业化的社会里，顾客越来越欣赏那些敢于承担责任的人。顾客一直认为，只有这样的人才能给人一种信赖感，值得去交往。也只有这样的人，才具备开拓精神，为公司带来效益。所以，导购人员在工作的过程中，应该要求自己具备一种勇于负责的精神，这样，才会获得顾客的尊重，为自己赢得尊严。

【金牌导购战术】

一个人要想洞明世事，练达人情，就必须时刻记住要低头。因为低头也是做人的一种姿态，在该低头的时候低头是一种大度，也是一种成大事者的隐忍态度。低头是为了不碰头，不摔跟头。

5. 彻底消除顾客的戒心

生活中，人与人之间普遍存在着一种戒备的心理。只有克服这一障碍，才能为建立良好的关系打下基础。因此，要想成为一名优秀的导购人员，就要学会如何去彻底消除顾客的戒心。

顾客都有怕上当受骗的心理。在销售过程中存在着这么一个问题，那就是顾客对导购人员大多存有一种不信任的心理，他们认为从导购人员那里所获得的有关商品的各种信息，往往不同程度地包含着一些虚假的成分，甚至还会存在一些欺诈的行为。如果这时导购人员对顾客说：“你不必对我怀有戒心！”这不仅没有任何效果，反而会有相反的作用，由于对方的深层心理被你识破了，他会再加大心理的屏障，防止你的再次突破，这时候导购人员就要停止说服工作，努力做互相沟通的工作，也就是说此刻要建立起连接心灵的纽带。

顾客之所以会有戒心，很可能是因为在他们以往的生活经历中，曾经遭遇过欺骗，或者买来的商品不能满足他们的期望，又或者在他的周围出现太多这种上当受骗的例子，让他产生不信任的心理，又或者是从新闻媒体上看到过一些有关顾客利益受损害的案例。总之他们从心里不相信导购人员所说的话。

让我们看这样一个例子，看看案例中的导购人员在消除顾客戒心时有什么不妥的地方。

导购人员："您好，这是本品牌最近推出的一款车型，外观和配置都不错，您看怎么样?"

顾客:"哦，我已经看了5个品牌了，感觉都不错，我再看看吧。"

导购人员："我们的这款车是专为都市白领设计的，造型时尚、动力十足，而且还很省油，销量一直很好，刚才的那位先生就购买了一辆，您还是考虑一下吧。"

顾客："人家买了是人家的事情，我暂时不考虑了。"

导购人员："先生，您看这样，我们可以多给您送点赠品……"

顾客："还是以后再说吧，对不起。"

汽车导购人员在接近顾客时，忽视了顾客对陌生人的防备心理，在顾客还没有接受自己的情况下，导购的做法是一个劲地推销产品，这会让顾客感到唐突和不愉快。在这里，导购可以细细体会一下日本丰田汽车公司的神谷卓一说过的一段话：

"接近顾客，不是一味地向顾客低头行礼，也不是迫不及待地向顾客说明商品，这样做，反而会让顾客产生逃避的想法。当我刚进入企业做销售时，我只懂得我要销售汽车，因此，在初次接近顾客时，往往无法迅速消除顾客的防备心理。在无数次的体验揣摩下，我终于体会到，与其直接说明商品不如谈些有关顾客的太太、小孩的话题，或谈些乡里乡间的事情，让顾客喜欢自己才是真正关系销售业绩的因素。因此，接近顾客的重点是让顾客对一位以销售为职业的导购人员抱有好感。"

要想消除顾客的戒备心理，需要从以下几个方面改进：

（1）良好的心态

当你不带功利心态，而是真诚地去帮他的时候，他的戒备就会转化成自责。对方会想：你看别人并不是我想象的那种人，真是小人度君子。由此生出来的是感谢，情感上也更为融洽。

（2）良好的身体语言

以下身体语言能够让顾客感觉到亲切。

◎倾听对方的谈话，偶然向前移动身躯，表示出对对方的关心。

◎在对方说话时，不时地点头或做出反应表示赞同。

◎对方说话时，保持微笑，让他感觉到你对他具有亲切感。

◎对于沉默不语者，可以他的物品或动作为话题使他开口讲话。

◎利用能够引起对方好奇心的话题，使他与你交谈。

（3）自然地暴露自己的缺点

这种做法可以消除对方的戒备心理，有时不妨故意暴露出自己的某些缺点，以解除对方的戒备心理。这就像你面对一个非常精明的人，你会担心被对方算计一样，产生戒备。但对方表现出笨拙的一面时，你就会得出此人不会比我精明的结论，自然就会放松警惕，从而解除戒备。

（4）为顾客创造属于同一世界的意识

如果对方认为在各方面都与你格格不入，那么他就不会与你进行沟通。要解决这个问题，应该让对方意识到，你们是属于同一世界即同一个集体。有经验的美容顾问，一进入到顾客家中，总会立刻找到与这家主妇的共同话题而进行交谈。例如：看到花瓶里的康乃馨，马上会说："好漂亮的康乃馨，我也很喜欢这种花……" 这样，通过各种话题就可在心理上与对方进行沟通。

每个人都有自己所喜欢的语言，当听到自己喜欢的语言时，这种语言会立即浸入他的心田，使他消除戒备心理。

【金牌导购战术】

在推销过程中，顾客心存顾虑是一个共性的问题，如果不能够正确解决，将会给导购的销售工作带来很大的阻力。所以，导购人员一定要努力打破这种被动的局面，善于接受并巧妙地去化解顾客的顾虑，使顾客放心地去购买自己想要的商品。

6. 妙用顾客好面子的特点

中国社会最早是以家族为核心的，这就决定了一个人的荣辱与家族紧密相连。我国长期受到儒家文化的熏陶，而儒家提倡的是“和为贵”的人际交往原则，所以，给别人“留几分薄面”就成了维护人际和谐的重要手段。而且儒家思想提倡朋友间的共生共荣，即使朋友有错，也不当面揭短。面子背后是人情法则，是人际关系的相互维持和利用，最根本的是彼此间利益的交换和满足。

“面子文化”在中国已经有数千年的历史，中国人“要面子”已经被世界所深知，这种心理早已植入国人潜意识中，任何人都无法将其抹除。中华民族的“面子文化”不仅博大精深，而且源远流长。博大精深的“面子文化”中占主导地位的就是“面子”消费心理。这点在礼品消费上尤其突出。

中国人尊崇礼尚往来，来而不往非礼也，于是就出现了“见面要礼，临别要礼，办事要礼，行商要礼，感恩要礼，图报也要礼”。在“面子”消费心理驱动下，中国人的消费经常超过甚至远远超过限时购买能力。然而，只要能在一定程度上满足送礼者的“面子”，其多花数百元乃至上千元钱也没太大关系。

曾有心理学家做过这样一项研究，被称作“导致顺从的互让过程”。心理学家将参与实验的数名大学生分为两组。

心理学家首先请求第一组大学生花费两个小时带领少年们去动物园玩一次，但是只有六分之一的学生答应了。

接着，心理学家来到第二组大学生面前，请求他们花两年的时间担任一个少年管教所的辅导员，当然是义务劳动，不会给任何报酬。这是一件费时费力的苦差事，几乎所有的大学生都拒绝了。心理学家又提出了一个小要求，请他们带着少年们去动物园玩两个小时。结果，一大半的大学生都答应了这个请求。

心理学家认为这是一个“留面子效应”。留面子效应的产生主要是因为人们在拒绝别人比较难的需求时会感到自己没有能够帮助对方，而损害了自己乐于助人、富有同情心的美好形象，并会因为感觉辜负了他人对自己的良好愿望而感到内疚。为了恢复在别人心目中自己的良好形象，也为了达到自己的心理平衡，如果对方在这时再提出相对容易的一点小小要求时，便会欣然接受。

在销售行业中，“留面子效应”也很常见。妙用顾客好面子的特点能为销售赢得极大效益。

（1）适当地要高价

顾客都乐于打折、优惠、砍价之道。如果你本身就把价格要的比较低，没有了降价的空间，顾客就会感觉太贵而放弃购买。相反，如果给顾客一个讲价的空间，交易就会很容易成功。这是因为顾客一方面通过自己的“聪明才智”杀到了这么一个低价格，会感觉物超所值，占了便宜。另一方面已经和导购人员讲价了这么长时间，人家把价格也降下来了，自己不买会觉得没面子。

（2）善用“留面子效应”

如果在商场中看到同样的商品，一个标价较高，另一个标价较低，顾客一般都会觉得标价低的这个商品很便宜，甚至会猜想是不是导购人员弄错了。这种情况下，顾客一般会选择不管怎么样，二话不说先买下来再说。即使这是一个小小的“骗局”，顾客也会心甘情愿的往里跳。所以在销售中学会运用“留面子效应”会占很大优势，因为这个简单的“小伎俩”很容易达到令人满意的效果。

正因为中国的消费者有很强的面子情结，在面子心理的驱动下，中国人在消费上会超过甚至大大超过自己的购买或者支付能力。导购人员就可以利用顾客的这种面子心理，抓住他们的弱点，从而达成销售。

【金牌导购战术】

“抹不开面子”是人们普遍的一个心理特征。要做好导购的工作，就用自己的语言技巧让顾客高高兴兴地“上当”，这其中当然少不了抓住顾客好面子的心理，只要你给足了顾客面子，顾客就会用钞票来报答你。

7. 善于化解顾客的敌意

当顾客进入商店时，由于对产品和技术的陌生而导致他们对商家和导购提供的服务持有一种警惕的态度。在竞争越来越激烈的产品市场和企业营销广告更加泛滥的时候，购买产品时，“货比三家”往往是顾客认为最好的参考条件。但是货比三家往往会使很多顾客在离开的一刹那成为永别。因此，要想把顾客留在店里，就一定要运用一些技巧去化解顾客的敌意。

每个人都有各自看待事物的眼光、观点和角度，由此大家的脾气秉性也各不相同。形形色色的人际关系，使我们难免会遭人误解。而对于导购人员来说，常常遇到的顾客可会带有一种警惕和戒备，当遇到这种情况时，导购人员应该用什么样的方式来化解与顾客之间的隔阂呢?

一男性顾客走进某陶瓷卫浴品牌专卖店，他东看西看认真地转了一圈，这时导购人员才走上去打招呼。

导购人员：先生，刚才发现你看我们陶瓷产品时的目光很专业，你是帮人选购的吧?

顾客：哦，不是，我不太懂，我是自己买，先看看……

导购人员：哦，选购这类陶瓷卫浴产品确实比较讲究，先生如果不介意，我倒愿意教你一些简单的甄别方法，这样你去别家看的时候不至于被忽悠。

顾客：好啊。(顾客的心里开始产生兴趣和好感)

导购人员：这陶瓷产品一是看表面，检查瓷面是不是平滑，(然后示意顾客用手背摩擦几下瓷面）这样就能感受到瓷面的光滑与否；其次是听声音，（从口袋拿出一个自制的微型铁锤，选择一个洗脸盆，轻敲几下，让顾客注意听）声音越清脆说明瓷质就越好。

这个顾客虽然用手摸了也认真听了，但他最多也只是似懂非懂，也可能不以为然。但是，仅仅只是我们随意的一个举动，就会把这一概念巧妙地装入了顾客的潜意识思维里，它像一个有倒钩的鱼钩，会使顾客产生返回的念头！

因为顾客可能会货比三家，但他在走进另一家卫浴专卖店时，会自觉不自觉地采用前面那家店教给他的方法，他也会用手摸，但用的是习惯性的手心，手心有掌纹，感触自然不会那么光滑。其次，他也会敲，但因为没有特制的东西，所以下意识地会用手里的车钥匙、手机或者打火机等硬物敲击陶瓷产品，这一敲不光声音不好听，而且还把营业员给惹急了：先生，请不要乱敲，这个陶瓷很脆的，你这样敲容易坏……这样一来，顾客的内心立刻就不舒服了，“刚才那家店是让我敲，你这边却不让我敲，肯定质量不咋地，不敲就不敲！心里一气，买的兴趣也就没了……如此几个店一逛，你想，这个顾客如果真的要买陶瓷产品的话他会选择那一家呢？

用这种化解顾客敌意的方法看上去虽然有点“损”，但是，商场的游戏规则历来都是胜者为王败者为寇，商场就是战场，你不打对手，对手也不会对你客气。所以，在规定范围内的正确的技巧使用还是可以的。

面对误解和敌意不逃避，及时沟通。由于每个人处在不同的生活或工作环境之中，站在不同的角度看待所面临的事物或问题，每个人的学识水平不一致、修养不同，对同一个事物，产生不同甚至相反的理解均有可能，所以人们之间的误解是难免的。

选个合适的时间和场合，把自己的情况和想法讲一讲，让顾客打消疑虑。同时，可以出示一些自己的产品质量保证和之前的合作案例等，但一定注意不要随意打击别的公司的产品，借此来抬高自己的价码。这样做会让顾客觉得你是个不值得信任的合作伙伴。因为在你眼里，不是朋友，就是敌人，这样是会影响顾客对你的印象。

坦然面对、自我反省、展示实力。出现误解以后，应该理解它，学会坦然面对，站在对方的角度冷静审视自己的言行，认真思考自己是否有失误或处理问题不妥的地方。还有，要分析对方产生误解的原因，寻找对方的误解是否有某些合理的成分。此外，以宽容的胸怀和气度容纳别人的误解，更容易建立信任。

当得悉顾客对你怀着戒备心时，用不着愤愤不平，不妨对自己进行一番反省，想想自己平常在与顾客接触时是否存在不妥之处。在以后相处时，多几分谨慎，少说些易引起误解的话，避免授人以柄。这样，有助于你在建立商业关系时中更为成熟、稳妥，少些是非。

假如竞争对手对你怀有敌意，在某些问题上贬低你，企图使顾客对你的产品和信誉产生怀疑，这时你要作出的最好证明就是把事业做得更出色，而不要把时间和精力放在无谓的人际纠纷上，这样才能让顾客对你产生敬意，化解隔阂。

胸怀宽广、顾全大局，化解矛盾适时启用中间力量。误解和敌意一但出现应采取理性化解。如果导购人员产生了误解，化解矛盾的方式虽然很多，而且每个人都有自己的方法去处理问题，但最好的方法始终应该是能开诚布公地与对方交流沟通。

面对一时难于说得清道得明的误解，也不必忙着去解释。如果话不投机，会适得其反。如果可能的话，不妨以向你透露信息或是双方都能接受的人为“中间人”，通过他们代为传话，以化解或是中止敌意。

误解的化解最有效的办法之一，就是宽容忍让，等闲视之，淡定坦然，用平和的心态去面对。出于顾全大局，也为自己的发展着想，不宜让矛盾激化或公开化。这就需要我们有广阔的胸怀，更需要化被动为主动，从而为自己创造一个和谐的人际关系，并使之成为鞭策自己的动力。

【金牌导购战术】

导购人员在销售过程中，虽然会遭遇顾客的种种敌意，但只要多些达观和宽容的心态，正确看待顾客的心理，能够换位思考，巧妙地化解顾客的敌意，就会在顾客心中树立良好的形象，这对导购人员的工作是有很大帮助的。

第九章 在与顾客的博弈中成交
——完成最终的赢单目标

导购人员想把产品卖出去，顾客想花最低的价钱买到最称心的物品，在双方的攻防中上演着买卖的算计、智慧的较量。导购人员最终实现赢单目标，必须掌握顾客的消费心理，并施展手腕引导顾客就范。

1. 减少客户对风险的担忧

现代商业社会，存在着很多消费陷阱，顾客为此吃尽苦头，由此心生不安全感。很多时候，顾客或潜在顾客内心里对产品或服务的不安全感是影响他们实施购买行为的一大障碍。每个顾客都曾犯下过许多次购买错误。在以往的购买经历中，他们遭遇过太多次欺诈，以至于有的顾客一走进商场，就感觉自己像一只温顺的羔羊，进了一个狼窝，从而对导购人员的讲述也是心存戒备。

实际上，顾客在购买心理方面有时表现的很矛盾，他们想要更好的东西，却又安于现状。如果产品在市场上是全新的而且又没有人用过或测试过的话，人们对此不明白是怎么回事，会觉得用这件东西太冒险了，于是会觉得这件商品不是不管用就是让自己白花钱。有研究显示，大多数的顾客会被定义为“晚期接受者”，表明这些人只有在后期才会成为真正消费的顾客。

这种对失败的害怕心理和不安全感，导致顾客不购买产品或服务。为此，导购人员在建立信任和诚信过程中，要付出很大努力，消除顾客的担心，直到顾客不再犹豫，接受你推荐的产品为止。

王先生在孙海的果园转了又转，还是下不了决心下订单。他也有他的顾虑，所以向孙海提出疑问：“上次在一家果园进的苹果，虽然个大、卖相也不错，但缺点是一般存在味涩、不脆、没有太多水分的现象。拉到市场上以后，刚开始卖得还不错，但是慢慢就没生意可做了。最后剩下的苹果卖不掉就都坏掉了，害我亏了不少钱。”

对于这个问题，孙海给客户解释说：“像您反映的这种现象，一般是用药物催红苹果而导致的。因为这种苹果的生长期太短，所以比正常生长的苹果在口感上会差很多。我们果园的水果全都是自然生长的，绝对没有运用任何的催生技术。您可以随意从树上选一个，我给您摘下来尝尝就知道了。”

尝过之后王先生觉得很满意，但是还有顾忌。这时孙海察觉到了王先生的担忧，说：“王先生您可以完全放心，凡是我们果园出的每一个苹果上都贴有无公害农产品的标签，保证每箱苹果里绝无掺杂不良品。若有什么问题，您尽管再给我拉回来就是了。”

听到孙海这么说，王先生总算放心了，并且很痛快的下了订单。

这就给了导购人员一个难题，如何减少顾客在接触新事物时担忧的心态呢。具体来说，可以从如下两个方面入手：

（1）让顾客提前使用

当导购人员遇到顾客产生排斥心理时，让他们适用一下，亲身体验一下，这样顾客的疑虑相对就会减少。

（2）售后质量及维修保证的方法

顾客买东西固然是想买质量好的，但是买东西的时候他又怎么知道质量好不好呢？不知道就会产生顾虑，所以就不会那么容易下单。这个时候就需要你来为顾客送上一颗定心丸，那就是售后质量及维修保证。因为这种方法解决了顾客的后顾之忧，所以很容易打动他们。

【金牌导购战术】

不管是高高在上的老总还是下面的导购人员，都必须懂得客户心理。一次试用，一句保证对于客户来说就像强心剂一样，让他们变得“大胆”。只有减少客户对风险的担忧，才能获得更多的订单。

2. 利用顾客冲动的心理

冲动性购买是一种购买模式，是指顾客没有经过充分的考虑，尚未形成购买意图以前就进入购物场所购物，也被界定为是一种“事先尚未计划的购买”行为。在这类行为背后，隐藏着相应的心理特征，即冲动性购买倾向。这类顾客的购物行为属于感情购买，是顾客对外部营销刺激作出的感性心理反应。

大多数的顾客在购买的时候并不受理性的支配，他们通常会在冲动心理的驱使下买下商品，尤其是女性顾客。如果你是一名女士，请打开你的衣橱看看，是不是有几件因为一时冲动而买的、价格不低但是并没怎么穿过的衣服。

吕晶是一名普通的公司文员。她平时并不是一个易冲动的人，却在今年五一假的时候一下花九百块钱买了两双高跟鞋，那可是她那半个月的工资。

事情是这样的，那天放假，吕晶在商场乱转悠。看到一个不大的店里挤满了人，觉得好奇就走过去看，只听音箱中一个温柔的声音：“尊敬的新老顾客，为了感谢您的支持，我店今天进行酬宾活动，一律半折，仅此一天……”吕晶一下就被吸引了，刚进去，店员就热情的招待：“请随便看看，看中了可以试喔。”吕晶试了好几双，其中有两双她都特别喜欢，不知道该买哪双。正在犹豫不决的时候，店员热情的说：“夏天一双凉鞋肯定是不行的，反正又不贵，就都买回去换着穿呗。而且就今天半折哦，明天再来可就恢复原价了。刚刚还有一个小姑娘一气拿了四双，因为她经常在我们店里买鞋，知道平时的价格，所以觉得今天买很划算……”结果吕晶一冲动，花了九百块钱把两双鞋都买了下来。

卖场陈列、灯光气氛、促销活动等都很容易激起顾客的购买冲动。因此，导购人员要学会利用顾客的冲动心理来为自己赢得更多的交易。

英国零售学者 McGoldrick 根据长时间对冲动购买者进行观察，以消费者的购买计划和理性程度两个指标，将消费者的冲动购物行为划分以下几种类型：

（1）纯冲动购物：消费者违反了常规的购物模式，非常的“不理性”。这是一种全新的“发烧”式的购物行为。这类人的所有购买行为都是冲动作祟，遇到这样的顾客，导购员不用花费太多力气就能推销成功。

（2）提醒冲动购物：当顾客看到某个商品的时候，回想起家中的存货不多或想起广告或其他的信息引起购买行为。

（3）建议性冲动购物：当顾客看到一种第一次看到的商品，感觉需要购买，这些购买行为完全是出于理性和功能性考虑的。

一项统计数据显示，由于商品的特性不同，冲动购买的比例差别也较大。例如，药品的计划性购买较强，而食品和化妆品的无计划性购买相对较多。

影响顾客冲动性购买的心理因素主要是两部分，一是外部因素激发顾客的冲动性购买，二是顾客内部因素影响顾客冲动性购买。而对于导购员来说最能把握住的就是外部因素。

（1）商品的包装

市场上的商品种类繁多，其包装也是各具特色，顾客有了更多选择的机会，但也因此增加了鉴别、选择商品的难度，冲动性购买频率随之增加。商品的包装是顾客在购买商品过程中首先看到的部分，它在激发冲动性购买行为上担任着重要的角色。

在发达的市场经济中，商家要想在激烈竞争中取得一席之地，就必须充分发挥商品包装的作用。以商品的外表为顾客提供购买的理由和根据，增强顾客的购买信心。

(2) 购物环境

购物场所是顾客实现购买行为的基础条件，店内装潢、背景音乐、商品陈列、购物气氛、同种类型商品的数量以及购物的便利程度都直接影响顾客的购买行为，直接激发或者抑制顾客的购买欲望。

其中，店内装饰装潢，商品摆设，背景音乐是位于前3位的影响因素。研究表明，当商场播放快节奏音乐时，顾客行走步伐加快，匆忙购物并加速离开。倘若商场播放的是慢节奏音乐，顾客行走速度也随之放慢，在货架之前停留时间延长，冲动购买行为也会增多。

(3) 销售手段

商品的销售往往是由导购人员来完成的，导购人员的销售方法能否促使顾客冲动购买至关重要，因此导购人员应在不干扰顾客自主购物的基础上，通过自己的沟通技巧说服其购买。

其中，导购人员的专业知识能使顾客对购买决策更有信心，让顾客知觉风险降低，并引发冲动性购买。因此，导购人员应该抓住顾客的冲动心理，制定推销策略。

(4) 抓住机会，快速出击

只有准确捕捉顾客瞬间的购买冲动，并全力以赴跟进，尽快实现签单。因为当顾客处于这个“冲动期”时，也是其最不理智的时候，如果把握不住机会，等顾客冷静下来，交易成功的几率就会减小很多。

【金牌导购战术】

只要导购人员摸清顾客的心理，了解其购买动机，其实是条条大路通罗马。以各种方法相结合，达到刺激顾客冲动的目的，最后就能把生意做成。

3. 在“半推半就”中搞定顾客

销售的过程就是与顾客斗智斗勇的过程。顾客半推半就，导购人员就需要使用一些小技巧“逼迫”他们购买。

犹豫的顾客多半是没有主观判断的人，他们不知道自己匆忙作出的购买决定是不是一个明智的选择，也不知道以目前的价格是不是很吃亏。那导购人员需要做的，就是让顾客没有时间徘徊。

晓汤来到了泰兴通讯店，准备给自己换一部手机。店员按照晓汤的要求热情地为他介绍推荐了四五款手机，都是经济实惠型的。其中有一款晓汤比较中意，外形和内置都是他想要的。可是手机标价是890元，让晓汤感觉有些贵。于是，晓汤说：“这个手机能不能便宜些呀？”店员说：“您看我们今天也是刚开始营业，您说个价，要是合适就给您带一个。”晓汤想了想说800元，没有想到店员很爽快的答应了。这让晓汤感觉自己上当了似的，立马后悔了，最后以忘带钱包为由溜之大吉。

随后他又来到另一家手机店，看上了和刚才那部差不多款的一部手机，标价920元。晓汤同样问能否便宜点。店员：“先生，这已经是最低价了，我们都没有像其他店一样标高价。”晓汤：“你看我也算你们今天的第一波客人，而且也实心想买，您就稍微给些优惠吧。”经过一番口舌战，最后店员终于面带难色的说：“那好吧，我打电话向老板请示一下。”不用想也知道，那位虚拟的老板一定会同意的。最终晓汤以850元的价格买下了手机，心里很是满足，像占了便宜似的。晓汤不会想到其实这部手机和泰兴通信店的那部手机是一样的出厂价。

给顾客下套，看似简单，但很多导购员依旧不能得其要领，遇到顾客“得寸进尺”时，往往会因为一点小恩小惠不能满足顾客的小小的贪婪而飞单。

（1）用“高价”削弱顾客

“喊价要高”的策略是推销中常用的价格策略之一，称为反向谈判战术。采用这个策略，有助于导购员在一开始就削弱顾客的信心，同时乘机摸清对方情况。但是也要注意，不能漫天要价，信口开河，随心所欲。太离谱的要价会直接把顾客吓跑，导致你没生意可做。

（2）用“拒绝”迷惑顾客

在与顾客交涉过程中，适当的“拒绝”往往是以退为进的良策。顾客在被拒绝的时候通常会得到这样一个信息，那就是：“这个商品是值这个价钱的，否则导购员态度不会这么坚决”。所以，适当的拒绝往往会激起顾客购买的欲望，成为一个隐形的催化剂帮你完成订单。

（3）用“勉强”搞定顾客

导购员一定要学会在销售的开始提出苛刻的要求，然后再稍作妥协，但是这个妥协必须让对方看到你的“勉强”之意。因为只有这样对方才会感觉到你真的“让步”了，否则他们只会认为自己吃亏了。

某手机卖场在元旦期间策划了一个“买××手机，送蓝牙耳机”的活动。由于策划和执行高度统一，一天销售手机4000多台。

到了春节期间，此手机卖场负责人决定策划一个主题为“全场8.8折，再送蓝牙耳机”的促销活动。

这个活动一看就知道其优惠力度比元旦期间大很多，按道理说，销售效果一定会更好。结果，事与愿违，春节活动虽然牺牲了更多的利润，却只销售了近2000部手机。

其实，顾客买东西并不是越便宜越好，而是捡便宜才买。导购人员在销售过程中，如果碰见老实巴交的顾客只要其中的一个优惠，就节省了一个促销品；但如果顾客贪点小便宜，他得了一个 8.8 折优惠还想再要一个蓝牙耳机，导购人员就可以先表示不同意，最后在半推半就地答应他，让顾客有一种“占便宜”的心态。

导购人员为了促成交易，催单之后，会若隐若现地抛给顾客一个诱惑，引诱顾客“上钩”。如果顾客在你的引诱下，表现出得寸进尺，导购人员就可以把东西包起来或者收回去，表示“你想占更多的便宜”，不可以，公司有规定，我不能答应。

而此时顾客如果就范，就可以节约促销的弹药；如果顾客走开，你再拉他回来，说一些亏本卖货之类的话，顾客就会在半推半就中购买了该商品。

【金牌导购战术】

买东西的时候，每一个顾客都希望占到便宜，因此，在销售过程中“勉强成交”的策略更容易让顾客有一种赚到了感觉，也就更容易在“被胜利冲昏头脑”的情况下掏腰包。

4. 善用顾客的逆反心理

在物理学中有这样一个阐述：每个作用力都存在一个与其大小相等、方向相反的反作用力。其实在与顾客交谈的过程中也存在这样的作用力和反作用力。站在人性的角度上讲，人们的反作用力其实是一种无意识的本能反应。

逆反心理是人们违背常理的一种心理活动，大部分人都具有这种心理。越是难以得到的东西，越希望得到它；越是不让人知道的事，就越想知道；越是不可能发生的事情，就越希望发生。导购人员要学会正确利用顾客的逆反心理来引导他们，运用得当，很有可能使他们的态度发生180度的大转弯。

李先生的私家车已经使用很多年了，所以决定换一辆新车。某汽车销售公司得知这一消息后，派销售人员来向他推销轿车。

销售人员来到李先生家里，详细地介绍了自己公司的轿车性能有多好，多么地适合他这样的公司老板使用。甚至还嘲笑李先生的轿车已经破烂不堪，不能再使用了，否则会有失身份。这种激将法并没有让李先生快速下单，反而使其产生反感和不悦。这种逆反心理让他断然拒绝了销售人员的推销。

随后的日子里，不断有销售人员登门，这让李先生感到烦躁的同时也增加了防御心理。不久又有一名汽车销售人员拜访，李先生心想："不管他怎么说，我也不买，坚决不上当。"可是这位销售人员的言行却出乎李先生意料，他先是看了看李先生的老车，然后说："我看我还是过一阵子再来吧，您这车起码还能用上个一年半载呢，现在换太可惜了。"说完留下一张名片就主动离开了。

过后，李先生想了想还是觉得自己应该换一辆新车，于是一周以后，拨通了那位销售人员的电话，并向他订购了一辆新车。

太多的导购人员都不能够了解顾客的逆反心理，他们只是滔滔不绝地介绍产品而不顾顾客的感受，结果一次又一次地遭受到顾客的拒绝。而案例中的导购人员就巧妙地从相反的思维出发，利用了顾客的逆反心理，从而使他主动购买自己的产品。

下面就介绍一些如何利用顾客的逆反心理促成成交：

（1）进行立场转换

在消费行为过程中，导购人员也经常能够发现这样的情形，越是苦口婆心地把某商品推荐给顾客，顾客就越会拒绝。当遇到逆反心理比较强烈的顾客，要学会利用他的这个弱点，转换自己的立场，从而达到自己的目的。因为对方的逆反心理往往使他们的回答正中我们的下怀，这一技巧就叫立场转换。

（2）可信度能够缓解顾客的抵制心理

在销售过程中，顾客总是本能地对导购人员抵触。但一般而言，导购人员在顾客心中的可信度越高，顾客的态度就会越积极。可信度使得顾客和我们的关系比较融洽，这样也就减少了顾客逆反心理的发生几率。

人们总是乐于同自己信得过的人分享一切，顾客同样如此。当他对你产生信任感的同时，就不会再将你拒之门外，而会主动邀请导购进行更深入的交谈。

（3）好奇心能克服逆反心理

激起顾客的好奇心是引导他们有效交谈的最佳途径之一。有好奇心的顾客愿意更多地了解你的产品和服务。导购人员可以观察到，当顾客开始产生好奇心的时候，会谈的气氛会变的活跃起来。好奇心使得人们更加投入，注意力更集中，甚至身体也会向你靠拢过来，他们提出问题来满足自己的求知欲，此时也就需要导购员的帮助。

【金牌导购战术】

逆反心理会导致顾客拒绝购买你的产品，但是导购员运用得当则会促使其主动购买你的产品。导购员要学会从正、反两方面来调动顾客的积极性和购买欲望，从而使自己的销售工作获得成功。

5. 在销售中制造一种紧迫感

没有一个人喜欢被威胁的感觉，因为威胁的背后是巨大的压力。但对于导购人员来说，有时候“威胁”不但不会吓走顾客，还会让顾客主动成交，关键就在于导购人员能不能用好“威胁”这个武器。

在向顾客介绍产品的时候，导购往往处于被动地位，任凭自己说尽产品的好处，费尽力气，顾客还可能是毫不动心。即便顾客对产品动了心，想要买，却还是免不了会提出各种异议进行讨价还价，或者总是反反复复，不能下定决心。这通常是让导购比较头疼的问题。

其实，此时导购人员可以改变策略，不再一味介绍，而改利用顾客“怕买不到”的心理，对其稍加“威胁”，增加顾客购买的紧迫感，就能实现由被动转主动。

导购人员向顾客推销商品，免不了真诚说服，而同时在必要的时机给顾客一些暗示，比如“假如此时不购买我们的产品，您将会受到损失”——这样的话也许会收到意想不到的效果。

进行所谓的“威胁”暗示的前提是，导购人员已经清楚顾客最关注的产品优势是什么，只有正确地作出定位，才能够使“威胁”起到应有的作用。

一位商人带着三幅名家画作到美国出售，被一位美国画商看中。这位美国人认定：既然这三幅画都是真品，必有收藏价值，假如买下这三幅画，经过一段时间的收藏肯定会涨价，那时自己一定会发一笔大财。于是，下定决心无论如何也要买下这些名作。主意打定，美国画商就问商人“先生，你的画不错，请问多少钱一副？”

“你是只买一幅呢，还是三幅都买？”商人反问道。

“三幅都买怎么讲？只买一幅又怎么讲？”美国人开始算计了。他的如意算盘是先和商人敲定一幅画的价格，然后再和盘托出，把其他两幅一同买下，肯定能便宜点，多买少算嘛。

商人并没有直接回答他的问题，只是脸上露出为难的表情。美国人沉不住气了，说：“你开个价，三幅一共要多少钱？”

这位商人知道自己画的价值，而且他还了解到，美国人有个习惯，喜欢收藏古董名画，要是看上，是不会轻易放弃的，肯定出高价买下。并且他从这个美国人的眼神中看出，他已经看上了自己的画，于是他的心中就有底了。

于是漫不经心的回答说：“先生，如果你真想买的话，我就便宜点全卖给你了，每幅3万美元，怎么样？”

这个画商也不是商场上的平庸之辈，他一美元也不想多出，便和商人还起价来，一时间谈判陷入了僵局。

忽然，商人怒气冲冲地拿起一幅画就往外走，二话不说就把画烧了。美国画商看着一幅画被烧非常心痛，他问商人剩下的两幅画卖多少钱。

想不到商人这回要加口气更是强硬，声明少于9万美元不卖。少了一幅画，还要9万美元，美国商人觉得太贵，便要求降低价钱。

但商人不理会这一套，又怒气冲冲地拿起一幅画烧掉了。

这回画商大惊失色，只好乞求商人不要把最后一幅画烧掉，因为自己实在太爱这幅画了。接着，他又问这最后一幅画多少钱。

想不到商人张口竟要12万美元。商人接着说：“如今，只剩下一幅了，这可以说是绝世之宝，它的价值已经大大超过了三幅画都在的时候。因此，现在我告诉你，如果你真想买这幅画，最低的出价12万美元。”

画商一脸苦相，没办法，最后只好成交。

实际销售过程中，导购人员用语言或行动暗示顾客，如果此时不购买产品可能会失去某些利益，就会对顾客带来很大的触动，让顾客产生紧迫感，从而起到“购买从速”的效果。

所以，对待那些不能做出果断决策的顾客，一个最好的办法就是人为的制造一种紧张感。只要你仔细考虑，无论推销什么产品，你总会想出应用这种感觉的好办法。

比如特价的方法。你可以对客人说：“本公司明年初将大幅度提高产品售价，现在，只有两天时间了，所以我建议您今天就做出决定。”

或者直接告诉他们“明天来就太晚了”，拿保险导购来说，可以这样对顾客说：“先生，我们都没有办法从水晶球中去看未来，但愿您能够在取得保险资格前健康长寿。不过您也应该很清楚，如果在这之前发生了意外，这对您的家庭将是多么大的损失，我们希望您能尽快取得保险。”

给顾客制造紧张感，必须让他们感受到时间的急迫。如果他们无法在短时间内做出决策，那么很可能错失良机。于是，顾客就会变得焦急，自然可以加速销售的成交。

【金牌导购战术】

巧妙地向顾客施加压力，是促成交易的一个重要技巧。使用“施加压力”法，关键是导购人员应该审时度势，努力做到让顾客从你身上看到一种信心，并感到安慰。导购人员需要做到的，就是在实践中不断提高自己的“施压”技巧。

6. 帮顾客缩小选择范围

今天的顾客面临太多的选择：要洗头，就要先决定是不是要洗发润发一次完成，还是要去除头皮屑，或者是要受损发质专用；要喝咖啡，则要说清楚是法式咖啡、蓝山咖啡，还是维也纳咖啡。正因为今天的顾客每次都被迫从许多种选择中，决定自己要的东西，如果你能够及时了解到顾客的需求，帮助顾客缩小选择范围，那么在无形中，就在顾客心中树立了一个良好的形象。

美西指南公司（US West Direct）的做法就是很好的例子：

美西指南是一家电话黄页出版商。过去他们区隔市场的方式是，将顾客依照其生产产品的类别来区分。业务人员在拜访每个客户时，都会问客户，你是要整页的广告，还是半页？颜色是单色、套色，还是彩色？只是要不同的号码，分散在不同的地方，以方便追踪效果，还是要同一个电话号码，分别放在好几个类别里，争取曝光度？光是这一长串的选择，就浪费掉双方太多的时间。

从调查结果发现，有些顾客的目的是成长导向，有些是利基市场的企业，有些则是企业对企业的业务。成长导向的客户通常会希望刊登显著篇幅的广告，用不同的电话来追踪效益；利基市场的厂商通常需要比较小的篇幅，但会希望在不同地方刊登，让顾客比较容易找到。

于是，业务人员发展出另一套服务方式，也就是在面对顾客时，只需要大约问两三个问题，了解顾客属于哪一类，就可以提出确切的建议，符合顾客的需求，帮助他们销售更多广告。

这个做法的要诀在于，针对每个客户的个别状况，为他们提供更大的价值，客户满意度提升了，业务人员的时间也节省了，可以用来创造更多业绩。

常识建议我们多给顾客选择的余地，因为若是多种选择，顾客就一定能够找到自己最喜欢的；而一旦找到了自己最喜欢的，他就一定会采取行动。

然而事实恰恰相反，如果你让顾客有无数的选择时，他反倒一个也挑不上了。而选择余地小一些，意味着顾客可以快点做出决定，并且选好以后他也不大会思前想后，一个劲地琢磨“哎呀，自己的决定是不是对的呢?”

王先生：我也不知道该买哪个。

销售人员：王先生，是这样的。您看刚才您谈到所要购买的车应该是发动机功率为68Kw、扭矩在110Nm、最高时速必须达到150km/h以上，配置有电动后视镜、中控门锁、电动玻璃、6碟CD、真皮座椅。如果要在这些条件中进行选择的话，您认为哪个条件是必须满足的。

王先生：我认为都重要，都要满足。

销售人员：我理解您的要求，只是在投资额已经确定的情况下，要完全满足所有的条件有一定的难度，您认为哪一点最重要?

王先生：发动机必须符合条件。

销售人员：羚羊OK款装备了日本铃木公司最先进的G系列1300CC四缸16气阀、直列水冷四冲程、多点顺序电子燃油喷射的全铝发动机，功率高达85马力，可与众多1.6L轿车媲美。最高时速170公里/小时；0-100公里加速时间小于15S；在60公里的匀速状态下，百公里油耗仅4.8L，是国内目前最省油的车之一。而且外形也很适合您的气质。

王先生：那16气门的发动机与12气门的发动机哪个更好呢?

销售人员：其实都可以，而且该车除了您所关注的发动机性能卓越外，与其他的车不同的是该车还配有车载冰箱，能够让您的驾乘更富有乐趣。该冰箱是进口原装的产品，性能非常的卓越。如果您买其他的车再去配这样的冰箱的话，将要花费数千元。

王先生：真的嘛，那太好了。

销售人员：那您是要黑色呢还是银色呢？

王先生：黑色吧。

销售人员：好的！

当顾客面对很多选择，而又不知道该如何选择的时候往往会变得焦躁。这时导购人员不帮助其缩小选择范围的话，顾客很可能会为了摆脱这种不舒服的心态而放弃购买产品。例子中的导购人员正是因为适时的帮顾客做出选择，所以才促成了这笔交易。

当顾客对多个产品都很感兴趣但是又不想全买的时候，势必需要导购人员来帮他做决定。导购人员首先要通过与顾客沟通了解对方的需求，然后再通过自已的专业知识，站在顾客的角度帮顾客选择出比较适合的产品。这样做不但能帮客户解决抉择的困难，同时也会在一定程度上达到“催单”的效果。

对于那些对产品有兴趣，可是迟迟不作决定的顾客，你不妨使用二选一的方法来帮他一把。比如说，直接问他：“你是要黑色的呢还是要灰色的呢?”“你是定300件还是500件?”等。这种方法表面上是把成交主动权让给了顾客，实际上则只是把成交的选择权交给了顾客。不管顾客选择哪种答案，其结果都是成交。

【金牌导购战术】

选择过多往往会让人不知所措，这时就需要导购人员给出建议。导购人员要能帮助顾客缩小选择的范围，当顾客在你那里得到中肯的建议后，就会与导购人员之间建立一种亲切的关系，这时的交易往往是很容易达成的。

7. 鼓励顾客下定决心

相信很多导购人员都遇到过这样的顾客，你给他们讲解了半天，而他们对该产品也很有兴趣，家常拉了一大堆，但就是不买。这时就需要导购人员适时地提醒顾客，要尽快下订单了。因为“闲话”说多了，一句不该说的话，就可能造成整个促销过程的失败，毕竟“言多必失”。

李阳是二手房交易的一名职员，手上有两套代售的房子，户型一样，但因采光不同要价上也有差异，A 套在阴面要价 120 万，B 套在阳面要价 130 万。

孙小姐和李先生同时看上了 B 套房子，但是李先生先下了订单，所以孙小姐显得很失望。李阳向孙小姐提出可以考虑一下 A 套房，并带她去看了房子。孙小姐感觉还不错，但是想到自己因为 10 万块钱就要住在没有阳光的屋子里，心里就不痛快。虽然李阳和孙小姐也面谈过四五次了，可是孙小姐就是迟迟不肯下单。

于是李阳决定“逼单”。这天下午，李阳拨通了孙小姐的电话：“孙小姐，你现在方便接电话吗？……喔，是这样的。因为我们现在有一个客户非常中意 A 套房，所以我想问问您的意见。因为您毕竟先看的房子，而且我们也谈过几次了，您要是愿意要这房子呢，我就给您留着；您要是不打算要了呢，我下午就让那位顾客来办手续了。您觉得呢？”孙小姐一听急了，连忙说：“我们下午见面谈谈吧。”虽然最后李阳让价了两万，但是却也逼单成功，顺利的拿到了订单。

孙小姐正是在李阳的侧面鼓励下，才下定决心购买房子的。有时候顾客的心理就是在“买”与“不买”之间来回游动，这个就需要导购人员及时地鼓励顾客，帮助其做出购买的决定。以下几种方法可以为导购人员提供一些能够使顾客迅速做决定的方法：

(1) 榜样法

当导购员看到顾客对于一件产品恋恋不舍，但是一时半会又不能很快的做出决定时，导购员可以说：“您眼光真是太好了，我们商场的领导用的就是这个品牌，你就放心买吧，不会错的。”

运用权威人士、熟人、或者是其他具有代表性的人群作为榜样，这样就会在顾客心中产生一种眼光得到肯定的快意。而且还有那么多的名人跟自己的眼光一致，于是就很快完成了交易。

(2) 夸奖法

碰到顾客难以做出决定的时候，导购员可以适时地说：“您真有眼光，这个衣服，我们这星期都卖了几十件了，好多人都喜欢这种款式。”这是利用顾客从众的心理，既然已经有那么多人买了，肯定是说明这个产品不错，让顾客从心理产生一种依靠和保障，从而提高成功销售概率。

(3) 心理暗示法

当顾客犹豫这个商品是买还是不买时，导购员可以说：“这件衣服您买回去后，家里人一定会很满意的。”通过暗示别人看到这个商品后的反应的方法，来坚定顾客自己的判断。

(4) 赠品诱惑法

人们都有占便宜的心理，当导购员所遇到的顾客犹豫不决时，适当的给她一些赠品会起到很好的效果。导购员可以这样告诉他：“如果您诚心要买的话，我就赠送给您一个×××，算是拉一个回头客了。下次有需要了一定还要再过来呀。”或许就是这么一个小小赠品，就能让顾客瞬间决定购买。

(5) 拜师学艺，态度谦虚法

在导购员费尽口舌，使出浑身解数都没有产生效果，眼看这个生意是做不成了，不妨试试这个方法。导购员这时可以说：“××小姐，虽然我知道我们的产品绝对适合您，可能是我的能力太差了，无法为您找到你所需要的产品，我认输了。不过，在告辞之前，请您指出我的不足，给我一个可以改进的机会好吗？”

像这种谦卑的语气，不但很容易满足对方的虚荣心，同时还会消除彼此间的对抗情绪。这时顾客就会一边指点你，一边鼓励你，为了给你打气，说不定还会达成这次的交易。

【金牌导购战术】

顾客买东西时，下决定是一个漫长的过程，更何况是掏腰包买东西，更需要好好考虑一番。顾客考虑的过程对导购来说是难熬的，一旦思考的时间长了，很有可能这个生意就做不成了。因此，导购不失时机地鼓励顾客买下商品，就能挽救可能失去的买卖。

8. 永远不要泄露自己的底牌

《道德经》中曾有这么一句话：“鱼不可脱于渊，国之利器不可以示人”。如今却有许多年轻人，特别喜欢在别人面前卖弄自己，装腔作势，以为这样就会比别人能力高强。殊不知，越是卖弄，越是向别人全盘展露自己，就越暴露出了自己的无知。

导购也是如此，轻易在顾客面前亮出自己底牌的导购，是愚蠢的。这样不但达不到目的，而且还容易使自己更加被动、更加不利。因此，不论面对怎样的顾客，我们都不要轻易亮出自己的全部“底牌”，要讲究策略，要有所保留。

经营房地产推销的吉拉德先生，有一次承担了一项艰巨的工作，因为他要推销的那块土地紧邻一个木材加工厂，电动锯木的噪音很大，虽然这片土地开通火车，交通便利。而且噪音并没有到难以接受的地步。

吉拉德先生想起有一位客户想买块土地，其价格标准和地理条件与这块地大体相同，而且这位客户以前也住在一家工厂附近，整天噪音不绝于耳。于是，吉拉德先生去拜访这位客户。

“这块土地处于交通便利地段，比附近的土地价格便宜多了。当然，之所以便宜自有它的原因，就是因为它紧邻一家木材工厂，噪音较大。如果您能容忍噪音，那么它的交通地理条件、价格标准均与您希望的非常相符，很适合您购买。”杰拉德先生如实地对那块地作了介绍。

那位客户立刻摇头道：“那不太好，我已经饱受噪音之苦，想清静一下子。”

“其实，情况并不像你想的那样糟。”

“不行，我不会考虑这样的地方。”

案例中的吉拉德先生在推销这块土地的时候，“很诚实”的把土地的优缺点通通告诉了他的顾客，虽然他提出了对于顾客购买后的好处，但依旧没有打动顾客的心，原因就是他较早地泄露了自己的底牌。

导购人员在确认顾客不反感某商品的缺陷时，应该委婉地表述，而不是直接泄露自己的秘密。不要过早向顾客和盘托出，否则就会让自己像新装的皇帝，在顾客面前一览无余。

常识告诉我们：对方知道的越少，对自己就越有利。因此，在了解顾客需求的同时，导购人员还有一个很重要的工作要做，那就是保守自己的某些秘密，不要让它过早的泄露，以免让对方知道自己的全部实力。

陈冰刚进公司的时候，经理就向大家宣布了他与自己的关系。于是很多同事顾及到他与经理的亲戚关系，所以都很照顾他。而且时常还在他面前说老板的好话，就是希望他能够帮他们在老板面前“美言”几句。

一开始，陈冰还不习惯，毕竟轻易就说出了自己的身份，就怕以后同事之间的关系弄的很糟糕。但是看到同事们阿谀奉承的态度，和自己想象的完全相反时，他又觉得很是洋洋得意。每次出去吃饭，同事都争前恐后地给他付钱，陈冰一时的虚荣心上来，就向大家说了平常与经理是如何的亲近，惹的大家非常的羡慕。

可是好景不长，经理被调往了另外一个分公司。这下陈冰可就遭遇了“冷宫”待遇，大家再也不像以前那样热情了，平常也是爱理不理的，而且就算他现在放下架子与对方好好地闲话家常，同事都是一种不耐烦的样子。后来他想如果原先就不告诉大家，不那么爱慕虚荣，是不是自己就会博得大家真心的喜爱，也许自己真的可以和大家一起和平相处。

做到“深藏不露”其实是一个人的阅历和性格体现，这是做人的一种境界。自古以来，凡是成功者都很少谈论自己或他人，更不会轻易就泄露自己的本性。

当你过早的亮出自己的底牌时，就不能再妄想满载而归。对导购人员而言更是如此，销售的过程就像是打麻将，彼此都不想让对方知道自己的底牌。导购应该守住自己的防线。

销售中要给自己留够底牌，因为销售随时可能会失败，牌局随时可能被中止，而对方也随时可能出新牌。不到最后关键时刻，千万不要亮出最有分量的底牌，因为过早的泄露自己的底牌只会将自己置于不利地位，任人宰割。

当然，也可以将计就计，有意地向对方发出错误的信息，适时把握主动权。不到最后关键时刻，就不能亮出你手里最有分量的那一张牌。请记住：“最后的赢家才是真正的赢家。否则，就得吃亏。”

【金牌导购战术】

把实力摆在脸上的人，不是自大狂就是过度自卑。在推销中泄露底牌是不可原谅的错误，泄露底牌也等于泄露了实力，泄露实力意即把自己的一切像个透明人似的展览在顾客面前。

第十章 最好的服务成就永久的生意——提供完美的售后服务

21世纪是新经济的时代,新经济在本质上属于服务经济。有形产品在满足顾客需求中的比重正在逐步下降,而服务的价值正变得越来越重要。进入了服务制胜的时代,以服务为导向的销售策略已经成为导购人员的基本选择,只有时刻把服务意识贯彻到工作中的导购,才能在顾客心中留下好印象,从而为自己创造更多的销售业绩。

1. 优良的服务是最佳广告

市场竞争归根结底是看谁能争取到更多客源，谁能够卖出更多的商品。可以毫不夸张地说，顾客的满意度才是检验导购成绩的标准。而要想争取到顾客，就要有优良的服务，研究顾客的心理，注重服务细节，改进工作缺点，提高服务质量，通过全程优质服务，换取顾客的认可。

在很多导购的经验中，优良的服务就是优良的推销。要想成为一名优秀的导购，就应该多关心你的顾客，让他在你这里受到最优质的服务。导购也应该建立一种信心，让顾客永远不会忘记你的名字。

更多的时候，并不是产品本身吸引住了顾客的眼球，促成了交易的成功，而是导购人员真诚、尽心的服务使他们情愿在你这里买东西。可见优良的服务是一笔无形的资产。

一个40岁左右的中年人带着母亲来买砖，两个人在展厅里一边走一边看，这时儿子接了一个电话，老太太一个人在一款“晶花芙蓉”产品前停留了很长时间。于是导购人员走上去。

导购：“大妈，您非常喜欢这一款，是吗?”

老太太：“是的，就是太贵了。”

导购：“大妈，我想您和我妈一样，一辈子全为儿女操劳了，没用过自己舒心的东西。这自己喜欢的东西买回家，自己天天看着就舒服，这人一舒服，也就能多活几十年。”

导购看了一眼老太太听得认真，接着说：“您儿子真孝顺，他买砖还把您带上，不就是想让您老人家拿个主意，买您老人家看着舒服的东西！我看您儿子也不缺这几个钱。”

这时老太太的儿子打完电话走了过来。

导购主动迎上去：“这位大哥，您妈妈非常喜欢这一款，您看……”

中年人看了看那款砖，又看了看老太太，老太太没有传出反对的意思，接着他看了看砖的标价牌说：“贵了点。”

老太太似乎不悦，但没说什么。这时场面有点尴尬。

导购：“大哥，我们到那边坐一下怎么样？”

（另一位导购则倒了一杯水，递给老太太。）

导购：“大哥，我建议您买这一款。老太太看上一件东西不容易，老太太既然看上了，铺到家里她就看着舒服，心里也舒服，老太太心里舒服，一家人心里就都舒服；老人要是心里不舒服，一家人都会跟着难受。老太太心里舒服就少生病，老人健康，我们做儿女的就能少担心，也才能集中精力做我们自己的事情。”

中年人看了一眼还在原地看产品的老太太，几秒钟后，他没有流露出反对的神情。

导购走到前台，拿过来一张合同。

导购：“大哥，您贵姓？”

中年人：“我姓李。”

导购：“留一个您的手机号吧？您看我什么时候可以给您送货？”

……

导购人员面对老太太时，他紧紧抓住老人都希望“长寿”这一老年人最脆弱的心理短板。说出“人这一舒服，就能多活几十年”，就是这一句话，拉动了老人最敏感的神经。接着导购人员跟中年人的交谈也体现了导购的聪明机智，“老人心里舒服，全家人就都舒服”用以激发男人孝顺、顾家的责任感；“老人舒服就会少生病，做儿女的就少担心”，而要让老人舒服，当然要买老人想要的产品，尽管这样的推理有点以偏概全，但顾客在购买时总是有限理性的，导购巧用这种有限理性，将会起到事半功倍的效果。

作为导购人员，服务意识要贯穿整个交易过程中，首先要笑脸迎接进店的顾客，推销过程中对待客人要热情，回答问题要耐心，最后还要做好售后服务的工作，真正让顾客感受到一种温馨的服务。而要做好售后服务，可以从以下几点来提高服务意识：

（1）经常性打回访电话（如2天、1周、20天、月度）

（2）及时满足顾客需求，解决顾客心理疑难问题（如过生日、买鲜花、看望生病顾客等）

（3）提供一些文化产品，让顾客体会到公司的品牌文化（如冠名水杯、遮阳帽、伞、健康手册等）

（4）以真情换亲情，壮大“荣誉顾客”“发言顾客”

（5）经常看望重点顾客，产生品牌、口碑效应

“金杯银杯，比不上顾客的口碑”，优质的服务和质量，能够让顾客本身成为商品的推销员，这样的效果远远胜过导购人员苦口婆心的说辞。

【金牌导购战术】

服务质量是区分这位导购与那位导购、这件产品与那件产品的重要因素，在高度竞争的市场经济体制下，没有一种产品会远远胜于其竞争对手，但是优质的服务却可以区分两家企业。一旦你真心为顾客提供了优质服务，那么你的营业额一定不会太差。

2. 售后不好，顾客全跑

售前服务和售后服务就像一对双胞胎，是不可分离的！很多时候，商家只注意售前行为，一旦交易成功就不再管顾客的死活。但是请注意，售后服务不到家的话，是很难赢得回头客的。

据美国权威汽车调研机构 J. D. Power 2012 年中国汽车市场调查显示，中国自主品牌一汽轿车的用户满意度指数（CSI）在小样本调查中以 863 分的成绩高居第一位。在这份中国最新的汽车厂商满意度排名中，大多数自主品牌的满意度指数都低于合资品牌，并且低于 803 分的行业平均值，而一汽轿车能够取得如此的高分实属不易。

本次顾客满意度指数调查的对象为新车拥有者，其调查项目涵盖初始服务、指导服务、经销商体验、服务分布、服务质量和人性化服务六项内容。据一汽奔腾相关负责人介绍，包括奔腾品牌在内的一汽轿车不仅在品牌营销和技术研发上具有领先优势，在售后服务领域，也在不断取得进步和获得消费者认可，这对一汽奔腾来说其重要性远远大于市场销量的提升。

随着国内汽车消费市场和消费心理渐趋成熟，消费者的关注度逐渐从车辆的外观、性能等方面转移到用户价值和售后服务上。据了解，上市一年来，奔腾在服务建设中不断创新，不但4S 店从形象到服务都堪称优质，而且“管家式”服务也深入消费者心中。公司内部从上到下均加强了高效率的新人培训和二级网店的专业辅导等形式，提升展厅管理能力，让消费者能够满意而归。

导购人员把售前服务做得好，就能够给顾客留下一个很好的印象，当然这也是顾客是否在店里消费的标准。但是售后服务更需要的是一种长期的工作，考验的是导购人员的个人基本功，如何留住一个长期的顾客，使顾客始终对该店有一个较高的忠诚度，需要导购付出的工作是更多的。一定要有一种与众不同的内容在里面，才能真正地去留住一个顾客，如果能把顾客当成自己的朋友，顾客跟你无话不谈，那么自然也就达到一种境界了，这是每一个导购人员所追求的境界。

在国际汽车工业市场日趋激烈的竞争中，德国奔驰公司采取的主要竞争手段就是加强售后服务。他们的特点就是健全维修站系统：在国内设有1300个维修站，维修人员有56000人，在公路上平均不到25公里就可找到一个奔驰维修站；在国外171个国家和地区中，该公司也设有3800多个服务站；维修人员技术熟练，态度热情，车辆维修速度快。奔驰公司的售后服务优势，使该公司在几十年中始终立于不败之地。

无数的商业实践表明，导购人员应该注意售后服务质量，特别应该谨记那种忽视售后服务的做法，以防失去一个良好的销售环境。具体来说，售后服务包括以下内容：

（1）送货、安装服务

对购买质量较大、体积庞大和路途较远的商品，或是一次购物数量较多的顾客，或是一些有特殊困难的顾客，导购人员或公司应该提供送货上门服务项目。人们的所有消费体验当中，便捷是顾客们比较看重的一方面。为顾客解决了后顾之忧，就为商家们开通了打开畅销的大门。

顾客在购买一些大宗耐用性商品的时候，经常会有安装的需要，而繁杂的技术给他们带来很大不便。为此，导购人员提供优质的安装服务，也会让消费者感觉到便利，增加对企业的忠诚度。

（2）实行“三包”服务

实行“三包”，即包修、包换、包退。这是现代直销公司服务项目中最基本的服务承诺，也是争取顾客，取得更大销售成绩的有效方法之一。很多导购人员目光短浅，为了短期的利益，不顾信誉，只做“一锤子”买卖。有了质量问题，顾客回来问清楚，就冷眼相看，拒不承认。这种服务态度，已经无法适应现代的市场规律，是注定要被市场淘汰的。

作为导购人员，假若你也抱着这种“只要将东西卖给你，其他的就不管我的事”的心态，那么你的路子也就会慢慢变窄，直到堵死的，因为你再也没有第二次机会去挽回你的顾客了。

(3) 建立顾客档案

顾客在购买商品后，使用中经常会遇到这样或那样的问题，导购人员应该建立顾客档案，掌握顾客的使用情况，导购人员应该多与客户联络、沟通，为顾客提供指导及商品咨询服务，指导他们解决一些力所能及的小问题，完善商品的使用功能。

售后服务是企业市场营销中一个必不可少的中间环节，在各个产品市场领域中起着至关重要的作用，热情、真诚地为顾客着想的服务能给顾客带来满意，获取顾客的信赖，从而在市场竞争中占有一席之地，赢得市场。

【金牌导购战术】

服务是企业的生命，只有良好的服务才能使企业更有竞争力。因此说要在顾客售后服务上下功夫。谁能在服务上下功夫，赢得顾客的心，谁就能赢得市场，赢得良好的销售业绩，那些不尊重顾客意见，不重视售后服务的导购人员，是无法长久生存下去的。

3. 在服务细节上下足功夫

细节决定成败，成也细节，败也细节。细节是工作中虽平淡却不可或缺的小事。在日常工作中，人们往往要重复做一些具体、琐碎、细小的事。而正是这样一些平淡的小事，却体现出工作水平和质量，甚至决定着事业的成败。正所谓“一树一菩提，一沙一世界”，每一件大事，每一个战略决策都是由若干个细小的调查、研究、分析、评估程序一步步定出来的，通过程序中各个细小的环节，对决策正确与否至关重要。

导购人员要谨记，细节服务应该被贯彻到整个销售的过程中，因为你不知道什么时候什么地点，你的一个细节没有打动顾客，这个生意就有可能黄了。但是很多导购人员都比较注重售前服务与售中服务，觉得反正都已经成交了，以后是什么样我就不管了，就不再好好服务了。

细节服务必须全程关注，服务没有句号，细节体现在服务的整个过程之中，正如没有“点”就没有“线”一样。导购人员在推销一个新品牌，不能一“推”了之，导购还要及时收集反馈信息，了解其销量走势，做好为顾客解决后顾之忧的准备等。

一名6岁的小女孩来某社区卫生服务站买感冒药。但这个小女孩又说不清妈妈让她买的是“感冒清”“感冒通”还是“感康”“速效感冒胶囊”。服务站的工作人员本可以随便卖给她一种，可是她们并没有那么做。社区医生拿上药亲自把小女孩送回了家。

原来，孩子的父母是外地来的个体食品加工户。这夫妻俩感冒了，就让女儿去买药，原想随便有点药吃就行了。没想到医生亲自拿着药把孩子送了回来。更值得一提的是，医生为病人看完病后，发现病人还有鼻炎，就又开了一剂治鼻炎的药，以后这对夫妻成了社区卫生服务站的“忠实”病人，这对夫妻说：“我们远离家乡来此谋生，没想到这里的大夫对我们这么细致的服务！”

如果说这个例子对于导购人员来说，并不是那么的贴切，但是这里面所体现的细节服务的意识却是每一个导购人员必须要学习的。接下来给大家举一个更加令人感动的真实案例：

泰国东方饭店堪称亚洲饭店之最，人们称他的服务为顶级服务。中国的于先生就亲身体验过一次。于先生刚走进餐厅，服务小姐微笑着问：“于先生还要老位置吗？”于先生惊讶了，心想尽管我不是第一次在这里吃饭，但最近的一次也有一年多了，难道这里的服务小姐的记忆力那么好？

看到于先生惊讶的目光，服务小姐主动解释说：“我刚刚查过电脑记录资料，您在过去的8月8日在靠近第2个窗口的位子上用过早餐。”于先生听后兴奋地说：“老位子，老位子。”小姐接着问：“老菜单，一个三明治，一杯咖啡，一只鸡蛋？”于先生连说：“老菜单，就要老菜单。”

上餐时，餐厅赠送了于先生一碟小菜，由于这种小菜于先生是第一次看到，就问道：“这是什么？”服务人员说：“这是我们特有的某某小菜。”之后，于先生有3年没再去过泰国。在于先生生日的时候，突然收到一封东方饭店发来的生日贺卡，里面还附了一封短信，内容是：“亲爱的于先生，您已经有3年没有来过我们这里了，我们全体人员非常想念您，今天是您的生日，祝您生日快乐。”于先生激动得眼眶都湿润了。

天下大事，必作于细。今天是一个以细节服务制胜的时代。以细节服务制胜的经营之法已经渗入到商业的各个环节。就像客人吃完螃蟹后，滚烫的姜茶便端送到顾客手中；商店在晚上关门前会放送《回家》之类的音乐，让顾客在萨克斯的情调中把轻松带回家。

可以毫不夸张地说，现在的市场竞争已经进入到细节服务制胜的时代。不论是公司的内部管理，还是外部的顾客服务，细节服务问题都会关系到企业的前途和盈利水平。而有的企业始终无法打开市场的大门，从根本上说是在细节服务上做得不够，因此吃了亏。这主要表现在：

（1）劣质服务冒犯了客户

劣质服务与客户需求相违背，将会导致客户强烈的不满，这种不满会衍生出挫折情绪，将在一定程度上影响客户生活的幸福水平。在销售过程中，劣质服务是加之于客户的一种犯罪。这是一种严重的冒犯，将以失去客户的信任和忠诚为代价，是商家最不可取的一种行为。

（2）劣质服务损害了公司利益

我们常说，“无功便是过”。而在服务上，可以概括这样一个命题：“不提供优质服务也是对公司犯罪。”任何个人在服务中的失误，都将会造成一系列的不良反应：客户会对公司心存不满，不愿再来这里消费，同时也会对别人抱怨，造成更多的人对公司的恶劣印象。这种严重后果已经不能通过解决一位客户的问题就能克服，会对企业的整体印象影响深远。

【金牌导购战术】

无论做人、做事，都要注重细节，从小事做起。我们的古人就提倡“天下大事，必作于细；天下难事，必成于易”，“泰山不拒细壤，故能成其高；江海不择细流，故能就其深”。所以，大礼不辞小让，细节决定成败。导购人员要为自己争取到更多的顾客，就一定要在细节服务上下足功夫。

4. 为顾客服务，为顾客增值

做生意，卖的是物品，揣摩的却是顾客的心思。当今，市场竞争越来越激烈，导购想要取得更好的业绩，就必须花心思揣摩顾客的心理。

换位思考一下，作为顾客，我们一定是既想买到物美价廉的商品，又想得到一些额外的“收获”。当顾客在购买的过程中，面对两家同样的商店，如果某一家能够提供给顾客一些增值服务，那它的销售额一定高于另一家。这对于导购的启示就是，在为顾客服务的过程中，一定要善于抓住顾客的心思，让顾客有一种增值的感受。

下面让我们看看那些成功为顾客提供增值服务的例子吧！

◎星巴克咖啡——无线上网服务

星巴克咖啡的核心客户群是25岁到40岁。经过长期的市场调研，星巴克发现这个核心顾客群每个月大约来星巴克喝18次咖啡。针对这种情况，他们制定了相应的策略目标：一方面提高顾客的上门次数，另一方面想办法让顾客停留更久，以便吸引他们喝更多的咖啡，提高业绩。

考虑到越来越多的年轻顾客会带笔记本电脑来喝咖啡，2002年8月星巴克推出服务策略，在一千家门店提供快速无线上网服务。顾客使用笔记本电脑或pad，就可以无线上网、收发信息等。

◎海尔——真情到永远

海尔的经营理念是“真诚到永远”，在这种理念的指导下，海尔创造出了一种企业文化，即一定要设法让顾客感到满足。

对于顾客提出的“这里气候潮湿，有没有可以强劲除湿的空调?”

“气候炎热，有没有耐高温、可以长期长时间保持运转的空调?”等种种问题，海尔的回答一律是“有！我们会很快为您设计制造”。从海尔的经营理念中可以看出，没有解决不了的问题，自然就不会引起顾客的抱怨。有能力就没有压力，想服务就不怕困难，服务者的心态和理念是很重要的。

◎衣蝶百货——意外体验的洗手间服务

衣蝶百货是一家专门从事女装销售的专卖店，他们的策略是用周到的服务感动顾客，以细致的关怀缔造经验。在这个理念的指导下，他们所提供的洗手间受到了顾客的一致好评：里面有高品质的护肤液和香精；洗手台有专职的工作人员，勤清洁，零水渍；为了防止马桶坐垫不卫生，为顾客提供自动胶膜；同时，还为女性提供卫生棉，让无数女性顾客感到贴心和感动。

导购人员都应该有这样的意识，顾客是用脚来投票的，服务不好就留不住顾客，因而只有真心地把顾客当作“上帝”，尽量满足顾客的需求，把服务做精做细，才是每一个导购应有的素质。如果说商品是硬件，那服务就是软件，硬件已经形成，改进升级需要花费很长的时间，而服务却可以随时随地地改进完善，可以收到立竿见影的效果。

（1）好的服务可实现双增值

“两个人在同一个市场卖马，一个人卖3000元一匹，另一个卖5000元一匹，但负责传授养马的方法，那么最后哪一匹马卖得好呢?”当然是5000元一匹的马卖得好。为什么呢？这就是典型的增值服务设计，买卖最后获得双赢。经济形式可以不同，但服务在任何时代，任何国度都是顾客永恒的需求。

7天快捷连锁酒店一度是中国快捷连锁酒店电子商务做得最好的酒店，它可以通过手机短信订房以及通过手机上网、电脑上网，迅速快捷地解决服务问题。这一设计为其赢得了在中国同行业的第一名，并且成为了上市公司。

（2）服务设计应由心出发

“满意的增值服务是设计出来的”，好的服务使先设计后行动，这样才能全面、快捷、高效。最重要的是人也是训练出来的，而训练也可以是设计出来的。

“所有成功的服务都是把握住了顾客的心理，所以设计要从心出发。”从心出发应该考虑以下因素：即目标顾客的需求、顾客的地域、层级、性别、年龄、民族、兴趣、文化与信仰等；其次，一个成功的服务设计应包含三方面：舍得、影响力、传播沟通；最后，应该考虑追求“名、利、功、德、投入与回报、感性与审美”的因素。当然有了一个好的创意还需要一个系统结构化的设计。

（3）可从顾客中间找灵感

就算我们有为顾客服务的诚心，创意灵感也不可能凭空冒出来。导购可以直接从顾客中去寻找灵感，一定要实地调研，与顾客深入沟通，让顾客参与设计的过程。

脑白金便是一个成功的设计。脑白金是史玉柱的一大力作，但如何包装这个产品，提供怎样的增值服务才能笼络人心呢？史玉柱亲自深入到各个社区与中老年人沟通，获取了宝贵信息，他发现保健品多为过年过节时，子女为孝敬父母而准备的礼物。结果市场上就有了一句耳熟能详的广告语，“送礼就送脑白金”，脑白金一度成为中国第一保健品。

21 世纪是顾客至上、服务至上的时代，只有让顾客满意，企业和导购才有生存的价值。服务就是营销，服务需要创造力，服务将为企业提供巨大的创新价值。

【金牌导购战术】

导购应该做到，在各个方面使顾客感到满意，这是企业时时刻刻都要关注和研究的头等重要问题。要做好服务，就要不断地寻找各种独特的方法来满足顾客的需求，为顾客增值，使其获得愉快的消费体验。

5. 经常和老顾客保持联络

导购要想提高自己的销售业绩，无非就是两件事情：一是稳住原有的老顾客，二是不断把新顾客变成老顾客。失败的导购常常是从找到新顾客来取代老顾客的角度考虑问题，成功的导购则是从保持现有顾客并扩充新顾客，使销售额越来越多。

顾客是人，将心比心才能真正打动人，才能赢得顾客的信任。作为导购，创造业绩是应该的本分、职责。根据标准的书本定义，老顾客是指已经熟悉和使用过企业产品和服务，并在不同程度上对企业、产品或者导购产生了信心，有连续购买欲望和行为的人。导购的职责就是为顾客服务，尤其是那些老顾客的服务，就是要让他们感受到来自导购的时时刻刻的关心，在乎他们，会一直陪伴着他们，让他们感到放心。

顾客终身价值告诉我们，导购人员和顾客保持关系的时间越长，顾客给导购贡献的利润就越多。它还提出了考核导购工作的新标准：顾客保持率和顾客占有率。导购的工作业绩好坏，不只看你卖了多少产品，实现了多少销量，还要看顾客保持率，就是你与顾客保持业务关系时间的长短。

这里为导购提供一种相对比较实用的顾客档案方法。在设计顾客关系表时，应从两方面着手：

（1）硬件档案

包括：姓名、性别、大概年龄、邮箱、住址、电话号码、消费金额、消费产品款号。

（2）软件档案

包括：工作状况、家庭状况、性格取向、个人消费习惯、个人着装喜好、日常娱乐爱好、生活习惯、喜欢的服务方式、对促销信息的接受情况、价值观。

导购人员在进行了两方面的统计后，可以运用计算机系统把顾客信息整理成有条理的基础数据库，在老顾客每次消费后及时加入消费数据库，经常保持与老顾客的沟通和交流，防止顾客的经常性流失。同时，利用数据库，还可以对顾客进行差异分析，从中识别出导购人员自己的“金牌”顾客。

当然，导购在建立档案的时候，并不是每个顾客都会积极配合，这就需要导购以亲切关心的服务态度让顾客安心，告诉他们登记的目的是为了更好地为他们服务，并保证顾客的个人资料绝不会泄露。这样在登记资料和服务的过程中，拉近与顾客的距离，踏入建立长久关系的第一步。

乔·吉拉德最喜欢的一种方式就是与他的顾客保持经常性的通信联络。他总是希望顾客们在成交之后不要忘了自己，所以制定了一项写信计划。事实上，确实有人这样讲过：“当你从乔手中买下一辆车之后，你必须要出国才能‘摆脱’他。”不管这句话的真实意思是什么，乔·吉拉德时时把它看作一句恭维话。

每个月，乔·吉拉德都要给他所有的顾客每人寄出一封信，这些信都装在普通信封里，信封的颜色和大小经常变化，这样就没有人知道里面是什么内容。乔·吉拉德还留心不让这些信看起来像邮寄广告宣传品，以避免还未拆开就被顾客扔进垃圾袋里。他还会随信附上一张卡片，卡片的表面一律写上“我爱你。”但是在卡片的里面，每月都换新的内容。比如，一月是“乔祝您新年快乐！”二月是“情人节快乐！”如此这般一直写到第二年一月。

根据经验，乔·吉拉德从来不在每月的1号和15号发出这些信，因为这两天正是大多数人需要缴纳各种日常费用的日子。他希望顾客收到信时能有一种好心情。一位父亲下班回家后所做的第一件事一般是吻一吻他的妻子，然后会问到两个问题，第一个问题是："今天孩子们怎么样？"第二个问题是："今天有我的信件吗？"

当他拆开乔·吉拉德的信件时他的孩子们就会叫起来："爸爸，您又收到一封乔先生寄来的信！"所以，可以看出他们全家人都参与了进来，他们喜欢这些卡片。乔·吉拉德每年都以非常愉快的方式，让乔的名字在顾客家中出现12次。在乔·吉拉德推销生涯的后期，他每月要寄出14000张卡片，也就是说每年要寄出168000张。乔·吉拉德为什么要这样做呢？他只想告诉他的顾客一件事，那就是他喜欢他们。那么，乔·吉拉德这样做又值不值呢？相信你知道答案。这些信件极大地保证了他每年所有交易的65%都来自于那些老主顾的再度合作。

曾有导购人员问乔·吉拉德，每一张卡片到底能起多大作用，乔说他也不知道。我们没办法了解到单张卡片能对某一个人产生多大的影响，但当你立刻给顾客回电话表示良好祝福时，当你及时提供顾客所要求的产品资料时，或者当你给一位新顾客寄出一封感谢信时，你又怎么能精确地量化出这些小事的价值呢？

在顾客购买商品回家后，导购可以适当找个时间打个电话询问顾客，对商品是否满意，用着是否舒适等，就像关心自己的朋友那样，这样他们就会更加信任你，成为你的长期客户。销售行业最看重的是口碑，一个导购如果赢得了老顾客的好口碑，那源源不断的销售量就会自动找上门来。一个热情服务、待人真诚、时时把顾客的需要放在心上的导购，是每一个顾客的好朋友，一传十，十传百，让好名声为自己创造更多的利润。

【金牌导购战术】

营销中有条黄金法则："开发十个新客户，不如维护一个老客户"。老顾客的作用对于提升导购的销售业绩是有很大帮助的，因为口碑的力量，往往会带来连锁反应和成交量的增加。珍惜才会拥有，感恩才能长久，导购对老顾客要经常表示感谢，他们才会更加乐于在我们这里消费，并带来更多的新顾客。

6. 打造一流的服务水平

当导购为一名顾客真诚服务的时候，他获得的并非只是一名顾客的销售量，而是一百名顾客，而且又会从这一百名顾客中吸引更多的顾客。要知道，他们都是因为你的优质服务而来的。

为什么有的导购能拥有那么多的顾客，并且会有很多的回头客，而有的导购不仅没有回头客，就算是初次接触的顾客都能被自己弄丢？究其根源就是导购的服务水准的不同。

多年来，华星汽车集团是一家按现代企业制度建立的股份制汽车销售服务企业，其经营规模、管理水平、服务模式均处于行业领先地位。华星汽车集团代理国内外中、高档汽车销售和维修服务，目前已经代理了奔驰、奥迪、克莱斯勒、一汽大众和北京现代等国内外知名品牌，其经营理念以国际化标准规范管理流程，以"用户为中心"原则规范服务体系，以低成本、高效益满足用户，成就自己；经营方针则是有效组合集团整体优势，集聚优秀的营销服务精英，创造一流的服务水准，并致力于努力扩大"华星汽车"在成都市场的市场份额。

华星名仕倡导的"奥迪管家服务"，给予更加专业专注的业界实力，10年来始终不渝地为消费者提供更为细致的导购、保养、维修等服务，为华星名仕树立了良好的品牌形象和极佳的市场口碑。

华星汽车集团牢牢抓住了顾客这个中心点，时时把顾客的需要放在第一位。“公平竞争、优胜劣汰”是社会主义市场经济最基本的法则和规律。随着社会主义市场经济的发展，企业之间竞争日趋激烈。一般有这样一个发展趋势：由价格比拼到营销比拼，再到质量比拼，再到花色品种的比拼，再到服务水平比拼。

商家要想给顾客最棒的服务，就需要从实际出发，切实为顾客着想，打造一支高效的导购服务团队。

(1) 要努力树立服务理念

理念是行动的先导，有什么样的服务理念就有什么样的服务态度、服务行为。因此，建立服务文化，关键是要树立人本服务理念，要符合时代要求。包括：顾客至上的服务理念。服务方向以顾客需求为导向，服务质量以顾客满意为目标，服务措施以顾客方便为宗旨；诚信至上的服务理念。

视诚信为企业的生命、讲诚信、重合同、守信用，用真诚服务博得顾客和市场的信任；真诚贴心的服务理念。带着深厚的感情为顾客服务，讲真心、献爱心，把“情”贯穿于服务的全过程；全员参与的服务理念。破除服务是导购人员、售后服务部门的事，与其他部门无关的偏见，树立起为顾客服务人人有责、人人负责、人人尽责的思想，并且落实到实际工作中。

(2) 要努力提高服务质量

服务质量是服务的核心和关键。服务能不能达到客户满意，主要在于服务质量。服务质量有十分丰富的内容，比如服务态度的好坏、服务程序的简繁、服务效率的高低、服务效果的优劣等，都属服务质量问题。加强服务文化建设必须引导企业和职工在先进服务文化指导下，努力提高服务质量。

首先，在坚持主动服务的同时要坚持个性服务。马斯洛的需要层次论告诉我们，人的需要是由低级到高级，由物质到精神。国际经验证明，人均收入在1000美元到3000美元之间，人的需求不断增多。我国刚刚进入1000美元阶段，人们对衣食住行的要求就越来越高。如对供水、供气、供暖、交通、环卫等已经或将要提出更多个性化、差异化的服务要求。凡此种种，都需要我们研究和提供多元化、个性化服务。

其次，要坚持细节服务。随着激烈的市场竞争，质量的判别越来越体现在细节上。一定意义上讲，“细节赢心”“细节决定成败”。

再次，要坚持全面服务。必须把服务贯穿于企业产品设计、生产、管理、经营和终端服务的全部过程，落实到每个服务对象身上，实现全员化、全流程、全方位、全目标的服务，禁绝一切服务疏漏。

（3）对服务人员进行有效的培训

挑选最佳的服务人员，并通过相应的激励措施和恰当的组织活动，帮助他们学到和运用你所能提供给他们的最佳培训。培养这些人良好的、受欢迎的说话方式和谈吐魅力，要让他们学会如何激起客户的谈话欲望，并可以用形象、生动的语言说服人。

此外，还要善于迎合顾客的口味说话，把握客户的消费心理，能耐心听取顾客的意见，并解决销售中可能遇到的问题。只有能与不同性格的客户打交道的服务人员，才是优秀的。并且，要时刻向他们灌输“顾客至上”的理念，让他们从内心真正接受“能为客户贡献一切力量”的想法。

【金牌导购战术】

“顾客至上”的理念必须要从企业的高层到下层一直延伸下去，让整个企业充满着一种正确的营业态度。作为导购，要学会与不同的顾客打交道，时刻准备提供最周到的服务，任何细节也不能放过。只有这样，才能拉近与顾客的距离，让顾客满意我们的产品，从而达成交易。

7. 改进服务的秘诀

作为一名导购，为什么有的人能够做到一个月收入上万，而有的人却只能挣着基本工资呢？相差这么大的差距，原因在哪里呢？其实，原因很简单，仅仅就是一个服务态度，就可以让导购之间有这么大的差距。一个优秀的导购就是从改善他的服务态度开始的。

如果你仔细观察，就会发现：那些高收入的超级导购人员在工作中，总是表现的很积极主动，他们接待顾客的时候浑身充满活力，他们的脸上找不到忧愁的感觉，他们的肢体也是充满着自信的力量，他们总是主动为顾客提供细致周到的温馨服务。这一切都深深地感染着进店的顾客，所以他的业绩就差不到哪里去。

而一些普通导购则恰恰相反，他们每天工作的时候总觉得自己拿这点工资根本没有必要为老板这么卖命，凭自己的条件为什么要去看别人的眼色呢？所以他们工作中总是拉着苦瓜脸和清水脸，好像顾客欠了他多少钱似的，给顾客的服务也是消极被动，这样的导购人员拿不到高工资也就不足为奇了。

导购人员没有说高级还是低级，但是每个行业都会有一些出类拔萃的人。当你决定要成为一名导购的时候，如果你想做好，就一定要从改善态度做起。

以下为导购人员介绍一些提升改进服务的一些秘诀，希望可以为导购人员提供一些借鉴。

(1) 要掌握产品专业知识和卖点

要成为赢家要先成为专家。作为一名导购人员的基本技能，首先必须要掌握产品的卖点（包括要掌握相关的企业文化），挖掘所卖产品的与众不同之处（只要用心去找总能找到），然后“以长比短”（就是“以己之长，比人之短”，这个是市场竞争的现实情况，当然要掌握一定说话技巧，绝不能恶意攻击竞争品牌），我们只有做到专业化，才能在残酷的竞争中脱颖而出，创造良好的销售业绩。

（2）善于慧眼识顾客

作为一名导购人员，每天面临的竞争是很激烈的，在一些品牌众多的大卖场更是如此。所以，如何在过客匆匆的卖场中“慧眼识真金”，迅速识别哪些人今天一定要购买商品，哪些是潜在顾客，哪些只是随便看看，哪些是其他厂家或经销商的“卧底线人”，都需要导购人员日积月累，练就“好眼力”，然后果断地抓住机会，针对不同的“顾客”（广义的，来的都是客）采取不同的应对措施，最终实现“既卖了货，又做了宣传，还打发了‘卧底’”的有效销售。

（3）能抓准顾客的需求

抓住了恰当的机会之后，接下来就是，针对真正的顾客，如何尽快地摸清他们的需求。在找准了顾客的真正需求之后，就能够做到“量体裁衣”，保证每位顾客都能满意而归。

（4）善于触动顾客的情感

找准了顾客的真正需求之后，下一步要对顾客“动之以情，晓之以理”。一般来讲，除非是品牌的“拥护者”或“回头客”，普通的顾客在刚刚接触一个品牌的时候往往会不自觉地带着一种“批判性的怀疑”，这时候如果导购人员“不识时宜”地走到跟前“胡吹大吹”，极有可能会遭遇顾客搪塞。

因此，我们不妨先从简单的问候入手，逐步深入，循序渐进，用最为有效的方式首先博得顾客的认同。只要他认可你了，接下里就会顺从地跟着你的描述进入那美妙的产品世界。

（5）知道将心比心

事实上，有些导购人员在商品的导购过程中很容易出现“底气不足”或“言不由衷”的尴尬，但是却很少有人去思考为什么。化解这个尴尬，只要将心比心，在内心中设想自己就是顾客，自己如果来买，会有什么样的问题，会关心哪些方面，会在乎哪些服务，真正做到这样的话，那么你的导购技巧必然会在潜移默化中提升，你对顾客的亲和力会在不知不觉中增强，你的服务意识会漂亮地再上一个水准，你的销售业绩便耀眼地迈上新的台阶。

（6）设计好导购开场白

一个好的导购开场白应当说明或表示出，顾客如果买了我们的产品将获得哪些好处和利益。不仅要宣传产品的优点，还要将产品的优点转化成顾客的利益点。面对顾客可以这么说：“您一定是想以最合理的成本获得最完美的装修效果。用我们××品牌的瓷砖就能使您达到这一目的。我们可以根据您家的情况为您选择合适的品种，核算出最合理的材料成本，还有，我们的售后服务跟踪人员保证您家的施工效果。”此后，再根据顾客需要回答。

（7）怎样让顾客跟着你走

许多的顾客买东西之前，实际上已经听说了一些关于产品的信息，有了一些启发。他们的信息可能来自装饰公司、设计师、朋友推荐、广告促销和其他因素。这时导购人员的任务就是加强这些信息的影响，并进一步把他引向正确的方向。企图一下改变顾客的原有思想和观念可能很难，但如果我们的导购人员能充分利用现有基础和顾客已知的信息与之交谈，尽量使用“顾客预想的答案”来回答他的问题，这样容易使顾客朝着你设定的方向走，最终在不知不觉中做出了你所希望的决定。

【金牌导购战术】

大多数的导购人员缺少应有的服务意识，或者对服务的理解不够深刻，从而导致自己的营业额并不是很理想。随着经济的发展，产品的极大丰富和人民生活水平的提高，顾客对服务质量的要求越来越高，这就需要导购人员在日常销售中，时时把服务意识贯彻到自己的销售过程中。

8. 有了好名声就会有好买卖

良好的名声是企业所拥有的独特资源，它能在企业经营的各个方面提升企业的竞争力。特别是随着我国经济市场化程度的不断提高和买方市场的出现，市场竞争越来越激烈，产品同质性越来越大，产品本身之外的差异变得越来越重要，企业声誉这种独特资源的作用进一步凸现出来，它对企业发展乃至生存的意义越来越重要。

企业的成功，离不开一个导购的努力，而导购的成功，又离不开个人修养，即保持好名声，做事勤恳，和每个人都能融洽相处。当一个优秀的导购在做人方面得到了别人的认同，就容易赢得合作，从而在事业上有所建树。在与人交往中，注重待人谦和很重要，中国自古就有“和气生财”的说法，大家关系好了，才有合作的可能。所谓“和”就是与人为善、相互帮衬。

潮商富豪大亨陈克威，是闻名法国的华人企业家。从1976年开始，他和弟弟在巴黎创业。五年后，他们的百货商场隆重开业了。

陈克威有个习惯，每天上午都要到商场巡视一遍。有一次，一位法国妇女从店里买了商品离开，刚走出店门，塑料袋破了，里面的东西都掉在地上，其中的一瓶香油也摔碎了。

这一切，都被陈克威看在眼里。他急忙跑过去，帮助法国妇女把东西拣起来，并带着她到商场里，重新换了一瓶香油，换了一个结实的袋子。最后，对方充满感激地离开了。

当时，法国妇女已经走出了商场，货物受到损失，商场不必承担责任，任何人都不会有异议。但是，陈克威却做出了上面的举动，并对大家说："一瓶油不算什么，但是做生意要讲究诚信，我们要维护商场的信誉，让顾客喜欢到我们这里购买商品。如果那名顾客不开心地离开，也许她以后再也不会来这里了。"

今天，陈氏兄弟公司已经成为法国华人企业的翘楚，陈克威的成功秘诀就是诚信经营，坚持"为顾客需要着想"，维护企业声誉。

精明加诚信，就没有做不成的生意，没有做不了的买卖。这个真理对导购人员同样适用，很多优秀的导购人员都从"诚信"那里得到了很大的好处，是他们真诚待人的心态为自己赢得了一次又一次的成功，用诚信抓住了顾客的心，如果没有诚信，他们绝对不可能成功。

随着市场竞争的焦点越来越转向终端，谁赢得终端，谁便能赢得顾客。在终端销售过程中，导购人员担当着重要的角色，导购人员面对面直接与顾客沟通交流，一举一动、一言一行在顾客的眼中都代表着品牌的形象。

导购人员一边把品牌的消息传递给顾客，另一方面又将顾客的意见、建议和希望等消息传达给企业。即使遇到比较刁难的顾客，也同样要保持真诚服务的心态，让"买卖不成，诚意在"。因为，即便你的诚意在这次的交易中并没有起到很大的作用，但在顾客心中你的形象已经有了一点点的变化，他们会感动于你的真诚与热情，下次再光顾时，他们也许就会主动找到你，向你咨询，从你手中购买商品。

天津百货大楼×××专柜的陈小姐在销售过程中，从不轻视农民工。在她当班时，总会碰到附近的农民工过来。她说："可能他们觉得我比较热情，所以经常到我的柜台来咨询，每次都问我很多的问题。说实话，我都快没有兴趣给他们拉家常，同事们都说我是白忙活。我也有点疑惑，终于有一天，这几个农民工带着他们的工头来，工头一下买了4部手机，发给了那几个民工。这时我才暗自庆幸以前的工作没有白做。”

陈小姐并没有因为顾客对象是农民工就怠慢了他们，依旧是热心的讲解，这种亲切的态度，一定是让农民工心里觉得暖暖的，在一次又一次的询问后，与其说是包工头给陈小姐带来了4部手机的销量，倒不如说是陈小姐的好名声为自己赢得了买卖。

没有一个好名声，就算是金子也会失去价值；拥有再多的身份，也不会使人感觉到高贵；拥有再高的地位，也没有什么尊严可言；即便是高龄，也不会赢得人们的尊敬。

一个人的好名声，主要来自他做人的品格。品格就是力量，就是影响力。品格可以赢得人心，使人广交朋友，创造财富。优秀的品格是无价的财富，超过了宝石、金钱和显赫的地位。因此来说，不论是从个人素质提高的角度，还是从提高销售量的角度来说，要成为一名优秀的导购人员，就必须要为自己树立一个好名声。当你拥有了好名声的同时，你就会发现，好买卖都是自己找上门来了。

一位商界成功人士说过：“先做人，后做事，做人做好了附带着就把事情做了。”无论从事什么工作，做人都是基础，是根本、是关键，要想把事情做好，首先必须把人做好了，时刻维护自己的名声。

【金牌导购战术】

成功并不是一蹴而就的，更不是刻意为之，它需要每一个导购人员在具体的工作中，注意每一处细小问题的及时解决与沟通，用一颗真诚的心对待顾客，为自己树立一个好的名声，最终你会发现，你收获的不仅仅是成功，更是一种人生的享受。

第十一章 行业销售冠军是如何炼成的——缔造业绩的实战操练

三百六十行，行行出状元。每个行业都需要优秀的导购人员，从服装导购、橱柜导购、家居建材导购，到家居导购、超市导购等，到处都是可以施展的舞台。导购人员必须脚踏实地学习专业知识、修炼导购技能，才能成为行业销售冠军，成就非凡的人生。

1. 服装导购

服装店的成功，“三分货，七分卖”是亘古不变的理。而在这七分卖中，导购的销售能力的强弱起到了关键的作用。他代表着商家的外在形象，更是加速着销售的过程，因此，要想成为一名优秀的导购人员，就要多学习一些销售技巧。

结合一个具体的服装导购案例，来分析一下，要想成为服装行业的销售冠军，导购都需要具备哪些素质。

有一次，一位年纪大约在三十岁左右的顾客和他的女朋友一起进入汤尼威尔专柜，随着导购的欢迎声，他的目光停留在柜台模特的茄克上。专柜导购介绍说：“这是我们品牌今年推出的新款，您可以试一下。”顾客当时也很感兴趣，但他当时穿的裤子并不适合搭配这款上衣。

导购发现后，马上向他推荐了一款休闲裤和鞋子，鼓励顾客一起试穿，这样可以更好的凸现这款衣服的特点、风格。当顾客穿着这一身搭配合体的衣服从试衣间走出来，他自己觉得整体效果相当好。于是和女朋友商量，决定把茄克、裤子和皮带一起买下。导购心里很高兴，在开具发票时，边写边说：“其实这款休闲鞋也很适合您，不仅可以搭配这套衣服，也可以和深色牛仔裤、时尚的休闲裤搭配。”“我再看看吧”，顾客取走了衣服、裤子和皮带。

故事到这里似乎结束了，其实不然，第二天，他女朋友又来到了汤尼威尔专柜，买走了那双皮鞋。提货时，他女朋友笑着说：“本来只打算买一件上衣的，没想到却被你们亮丽的陈列和合适的搭配所吸引，最终买了一套。”导购人员也笑了……后来这位顾客成为了该专柜的VIP顾客。每一次来该专柜，顾客都能发现新的陈列，也就有了一种尝新的体验。

这其实就体现了一名导购的智慧，潜移默化中就销售了三件商品。最重要的是，在他向顾客推荐的过程中，完全没有一点压迫的意思，完全都是尊重顾客的意见与选择，导购只是适当地提出一点意见，最终的决定权仍然交给顾客，这就会使顾客吸收接纳你的意见，并最终满意的离开。

要掌握服装导购的销售技巧，可以从以下几点着手：

（1）把顾客分类，注意“男女有别”

由于由于男性和女性在生理、心理发展方面的差异，以及在家庭中所承担的责任和义务不同，在购买和消费心理方面有很大的差别。男性消费者在购买商品以前，一般都有明确的目标，所以在购买过程中动机形成迅速，对自己的选择具有较强的自信性。当几种购买动机发生冲突时，也能够果断处理，迅速作出决策。

特别是许多男性消费者不愿“斤斤计较”，也不喜欢花很多时间去选择、比较，即使买到的商品稍有毛病，只要无关大局，就不去追究。因此针对男性消费者的这些特点，服装导购应主动热情地接待，积极推荐商品，详细介绍商品的性能、特点、使用方法和效果等，促使交易迅速完成，满足男性消费者求快的心理要求。

而女性在购买过程中，容易受感情因素和环境气氛的影响，一则广告或一群人争相抢购的场面，都可能引发女性消费者特别是年轻女性消费者一次冲动性购买，所以女性消费者购买后后悔及退货现象比较普遍。

同时，女性消费者比较强调商品的外观形象及美感，注重商品的实用性与具体利益。在购买商品时，即要求商品完美，具有时代感，符合社会潮流，又要从商品的实用性大小去衡量商品的价值及自身利益。这就是女性消费者走东店进西店，比来比去，挑挑捡捡，迟迟下不了购买决心的原因。所以服装导购在接待女性顾客时，需要更多的热情和耐心，提供更周到细致的服务；不要急于成交，给她们足够的挑选、比较的时间，满足其求真的心理。

（2）服装导购的一些基本礼仪

◎微笑。微笑能传达真诚，迷人的微笑是长期训练出来的。

◎赞美顾客。一句赞美的话可能留住一位顾客，可能会促成一笔销售，也可能改变顾客的坏心情。

◎注重礼仪。礼仪是对顾客的尊重，顾客通常选择那些能令他们喜欢的导购。

◎注重形象。导购以专业的形象出现在顾客面前，不但可以改进工作气氛，更可以获得顾客的信赖。所谓专业形象是指导购的服饰、举止姿态、精神状态、个人卫生等，能给顾客带来良好的感觉。

◎倾听顾客说话。缺乏经验的导购常犯的一个毛病就是，一接触顾客就滔滔不绝地作介绍，直到把顾客说跑了。认真倾听顾客的意见，是导购同顾客建立信任关系的最重要方法之一。

（3）服装导购必须要掌握的基本知识

◎了解公司。要充分了解所在公司的历史状况、得到过哪些荣誉、产品研发与质量管理、售后服务承诺等内容。

◎了解行业的常用术语。对公司与行业知识的充分了解不仅可以增加服装导购对服装店的归属感，更可以增加服装导购在销售服务时应对的信心。

◎产品知识。它是在销售服装介绍时的基本要点，服装导购要将货品名称、种类、价格、特征、产地、品牌、制造流程、材质、设计、颜色、规格、流行性、使用方法、维护保养方法等基础知识牢记在心。

◎竞争产品。在工作过程中，服装导购应利用闲暇的时间，随时注意同行业竞争对手的举动，如销售额、销售方式、市场活动、价格变动、新品上市等情况。

【金牌导购战术】

要想成为一名优秀的服装导购，在学习掌握销售技巧的同时，最重要的是通过在不断的实践中总结经验，将理论知识与实践相结合，才能够不断取得进步。

2. 橱柜导购

虽说“顾客是上帝”，但有时这个上帝也是不好当的，并不是导购的服务没有做到，而是面对琳琅满目的商品，尤其是自己也许并不熟悉的橱柜领域，逛商场时真的会有一种手无足措的感觉。这就更加体现出了导购的重要性，因此导购人员一定要有这样的心态，我是帮助顾客解决痛苦的，销售的最高境界就是“为人民服务”。

近两年，橱柜企业为了提升自身的综合竞争力，由原来“单一式”的橱柜类产品向“多元式”的自主品牌产品过渡。因此在终端掀起了一场整体品牌的成交竞争。因而橱柜的导购也面临由原来单一销售橱柜向整体品牌销售的过程转变，由于对橱柜导购的专业度与销售技巧的提高，在橱柜终端的导购里普遍存在“三太”效应。分别是“销售太复杂”、“专业度太强”、“环节多太累”。

（1）销售太复杂

在销售过程中导购不仅在卖橱柜，还要卖厨电、水槽、拉篮等，由于这些产品在知名度上虽不高，但各自有专业性的品牌，由于又都是耐用品，都有很强的专业性，因而导致了导购在对顾客的销售过程中容易进入销售盲区。一是，心理的压力。由于订制产品，其他产品又能灵活选购，顾客总是先大范围作了解，销售产品的增多同时增加了销售难度，难度多了自然就容易产生销售复杂的念头。二是，销售专业度压力。面对顾客的销售过程中，讲解的产品越多，就意味着销售顾客的范围就越广，导购在销售任何一个产品时，如有销售不到位或是说得顾客不认可时，都会让顾客拒之门外。

（2）专业度太强

导购不仅要掌握销售技巧与橱柜的专业知识，还要懂得橱柜设计甚至是家装知识。当在与顾客交流的过程中，顾客经常会提出我家的橱柜是怎么样的，怎样设计才合理，怎样设计才好看，怎样设计才更加实用等，试想橱柜的导购人员即使不是设计师但至少也是半个设计师。除此外，还要略懂一点家装知识，比如橱柜搭配整体的装修风格，导购必须掌握这方面的知识，才能便于通过装修让顾客先了解认识橱柜，通过了解顾客的装修风格与装修需求更有针对性地推荐适合顾客的橱柜产品。

（3）环节多太累

从导购到最后安装后的余款支付总共有13个环节，流通环节越多，服务就越多，橱柜导购人员普遍存在快速实现订单难的现象。在实际的销售过程中，大多数顾客没有任何厨房的概念，同时也不知道他家里成型的橱柜是怎么样的，看来看去也就是二块破板子，几个五金件能值多少钱，像是没有一点科学含金量，消费者只要是在货比三家后，即使是感性消费的也很快转变为偏理性消费。面对这种情况，对于橱柜的导购人员来说，必须要面对复杂的整体橱柜，时而有力不从心的感觉。

面对这些橱柜领域出现的问题，要想在该领域里做一名优秀的导购人员，面临着更多的挑战，需要掌握更多的技巧，并保持更大的服务热情态度。

首先，无论橱柜产品是如何专业与复杂，对于终端的导购在销售时要不断做减法而不是做加法。根据不同定位的消费群研发出的不同需求的产品，然后进行包装后实施整套销售模式，通常也是在十套产品左右，一个导购人员只要熟背这十套产品，从不同定位的消费者诉求为出发点与产品外观、产品功能、核心卖点结合包装，在设计上价格由高到低，同时解决不同定位的消费者的消费心理问题，便可以实现轻松成交。

其次，还有橱柜流通环节多的问题。通常对订单后的顾客要精细化管理，确保分工明确，责任到人，做到管道式对接。解决橱柜店流通环节多只需使用专业化的管理工具，具体分为看板式管理与表格式订单管理。

这里给橱柜导购提供一些具体技巧，希望能够为导购人员在实际销售过程中提供一些帮助：

◎我们笑颜以对，可顾客却毫无反应，一言不发或冷冷回答：我随便看看。

优秀导购应对：没关系，买东西是要多看看！不过小姐，我真的想向您介绍我们最近开发的这款“丘比特”系列的产品，这几天在我们这里卖的非常棒，您可以先了解一下，来，这边请。

◎顾客其实很喜欢，但同行的其他人却不买账，说道：我觉得一般，到别处再看看吧。

优秀导购应对：您的朋友对购买橱柜挺内行，并且也很用心，难怪您会带上他一起来买橱柜呢！请问这位先生，您觉得还有什么地方感觉不适应呢？您可以告诉我，这样的话我们可以一起来给您朋友做建议，帮助他找到一套更适合的橱柜，好吗？

◎顾客虽然接受了我们的建议，但是最终还是没有做出购买决定而离开。

优秀导购应对：小姐，这款橱柜不管在造艺或颜色等方面都与您的整体风格布置非常吻合，并且我能感觉出来小姐您也挺喜欢的。可您说要再考虑一下，当然您有这样的想法我可以理解，只是我担心自己有什么解释不到位的地方。所以想向您请教一下，您现在主要考虑的是……

◎听完导购的介绍后，顾客什么都不说，转身就走，怎么办？

优秀导购应对：小姐，请留步。真是抱歉，小姐，刚刚一定是我没有介绍到位，所以您没有兴趣继续看下去。不过我确实是真心想帮您找一款最适合您的产品，所以能不能麻烦您告诉我您的真正需求，我再重新帮您找一下适合您的产品，好吗？谢谢您，小姐。

【金牌导购战术】

面对橱柜销售领域出现的各种问题，这对于导购来说是一个巨大的挑战，面对困难，最勇敢的橱柜导购会不断努力去克服困难、不断完善自我，投入更大的精力去做好橱柜销售。

3. 家居建材导购

作为一名建材导购人员，有其特殊性。首先他扮演的是一个顾问专家的角色。对大多数的顾客来说，很有可能是第一次来买建材，对装修方面的知识一无所知，他们不知道该关注哪些方面，除了价格就问不出其他的问题了。那么导购人员就有义务帮助顾客建立品质的概念，教给顾客如何判断建材的好坏并保证最后的效果，帮助顾客选择适合的产品。同时，导购人员还要向顾客传播知识，让顾客在购买的同时也“买”到了有关的知识，享受到了优质的销售服务，最终通过一次采购得到心中期望的家装效果，进而体现了一个专业化导购人员的水平。

下面通过一个生动的案例，来详细介绍一下作为家居建材导购人员需要具备的素质。

小周："你好，欢迎光临，请了解一下。"

两位顾客都没有说话，左右观察店内的产品，来到一款沙发前（A沙发），男顾客说"这款尺寸差不多。"

"这款是仿真丝面料的，比较适合中小户型，您坐下来感觉一下。"小周顺势回答。

"这款多少钱？"两位顾客坐下的同时问道。

"现在是6900元，还送一套沙发套，很优惠的。"

"颜色可以换吧？"女顾客问道。

"可以的，而且还可以送一套沙发套，这样就相当于两套沙发了。"小周开始介绍目前的促销活动。

"你送的是沙发套又不是沙发，怎么能说相当于两套呢？"男顾客反问道，但相对比较平和。

"一般来说布艺沙发的框架是相当牢固的，不容易坐坏，只是沙发套时间长了容易变旧，所以我们再送一套您就可以调换着用了。"在小周解释的同时小李端上来两杯水递给顾客。

"沙发容不容易坐塌？我老公最容易把沙发坐塌了。"女顾客笑着说。

"肯定不会的，我们用的是东亚的五层九孔高密度海绵，而且是一大块整块的海绵，不是很多小块拼接的，所以肯定不会塌陷。"小周站在沙发后面继续解释着。

"还能不能再便宜些？"男顾客开始砍价。

"买沙发再送沙发套现在已经是最低了。"小周坚持价格不变。

"我们再出去看看吧，先多看几家。"女顾客提议，两位同时站了起来。

"你们这个沙发怎么一坐就是坑呀，还不回弹。"女顾客指着座垫问道。

“我们这款沙发在海绵上面铺了一层五公分的羽绒，羽绒就是具有这个特性，那边那款就不会。”小周说着把女顾客带到另外一款旁边（B款）。

“沙发里有羽绒?”男顾客感到惊奇。

“是呀，我们的大靠包里有61.8%的羽绒，小靠包是全羽绒的，您感觉一下?”小周把一个小靠包放到男顾客手中，让男顾客用手感觉。

“肯定也不是什么好羽绒。”男顾客怀疑的说。

小周没有回答，开始给女顾客介绍B款……

这个案例中的导购人员能够引导顾客坐下来体验就做得非常好，因为只有顾客坐下来和导购人员进行交流才能在店内停留更长的时间，也才能亲身体会产品是不是舒服。但是案例中的导购人员仍然由几个环节忽视了体验的效果：

第一，当女顾客笑着说“沙发容不容易坐塌？我老公最容易把沙发坐塌了”的时候，小周只是轻描淡写的解释“肯定不会的，我们用的是东亚的五层九孔高密度海绵，而且是一大块整块的海绵，不是很多小块拼接的，所以肯定不会塌陷。”这样的回答顾客的信任度又有多少？此时小周应该让顾客脱下鞋子到沙发上踩一踩，蹦一蹦，试一试沙发的弹性，如果顾客不好意思自己就直接上去演示，用事实证明给顾客看，然后再引导出材料的特性和小故事，让顾客试到、看到、听到，进行360度讲解。

第二，当男顾客听说沙发里有羽绒感到惊奇，并认为不是好羽绒时，小周仍可利用体验式，迅速打开一个抱枕让顾客亲手摸一摸羽绒，用鼻子闻一闻是不是没有异味，再通过好羽绒的标准引导顾客对整个产品的认同。

【金牌导购战术】

要成为一名技能高超的导购人员，一定要不断地体悟、观察和接受引导、培训，不断地实践，最终达到“无觉有知”的至高境地，从而在与顾客无距离的沟通中成长为高级导购人员。这时导购人员就可以从顾客那里得到更多的回报，成为销售精英。

4. 家具导购

家具行业不同于电器行业、相似于服装行业，虽然乍看起来，有点离谱，但无论是从行业整体现状还是从营销、技巧、消费心理上分析，这句话还是有一定根基的。

选择家具，大多数顾客都是像逛庙会一样在家具市场东选西看，极有可能在一个小时的时间里走进五六家店甚至更多。也就难怪很多导购人员说：顾客进来看看就走，根本不给我们太多介绍的机会。可是顾客为什么会这么快就离开该店呢？就顾客的主观因素而言是因为他第一眼没有找到自己喜欢的产品，也就是这个品牌产品的颜色和款式不能吸引顾客，不能让顾客满意，在这里，顾客认为好的东西才是好东西，而不是导购人员和商家认为好的东西才是好东西。

在顾客购物决策过程中有一个模式，即注意、兴趣、联想、欲望、比较、确信、决心。面对一款家具，顾客头脑中会不由自主的想象该款产品应该放到家里的什么位置，放到自己家里是什么样的感觉，自己在使用时是什么感觉，家人在使用时是什么感觉，朋友同事来到自己家中看到该产品会是什么感觉，在使用中会有什么样的问题，会带来什么好处。总之，这一切都是顾客面对产品时想象中的，这些想象是顾客最终是否购买该产品的直观依据。

（1）体验至上

家具是实用性非常强的产品，按照目前的状况来看，正在由传统的耐用消费品转变成为家庭必需品，在生活中人们无时无刻不在感受家具带给人们的便利和舒适。顾客在购买家具时除了第一印象的感性认知，接下来就是体验感受，在色彩、款式上感到满意后几乎都会不由自主的坐下来、触摸、推拉等，通过肢体动作来判断这款家具到底如何，到底是否适合自己。体验式带给顾客最直接的感受，相当于眼见为实。体验能激发顾客的购买欲望，推动顾客一步步走向成交。所以聪明的导购会不失时机地引导顾客对意向产品进行多方位立体式体验，通过体验让顾客喜欢上该产品。

（2）环境影响

中国有一句话叫“时势造英雄”，这里时势就是指环境，可见环境对一个人的影响是巨大的。还有一句非常有哲理的话是这样说的，“一个人能走多远，关键是看他和谁一起走”，这也是对环境意义的高度积极评价。顾客在选择家具时同样会受到周边环境的影响。当然家具店里的环境就是指店里的装修氛围。

当一名顾客还未走进某专卖店，就会通过橱窗、门头、灯光效果和透过橱窗所观察到的店内布局来判断该品牌到底如何并在心里给价格定位。专卖店内的灯光效果、饰品搭配、空间设置、产品组合也在一定程度上影响着消费者对产品与价格的判断，好的视觉效果会吸引消费者不由自主地走进专卖店，并停留较长的时间，增加购买几率，较差的视觉效果无论在吸引顾客进店还是停留时间上都不会有太理想的效果。

因此，这对于导购的启示就是一定要注意店内的装修，以及家具的摆设方式，要让顾客一进入到店内，有一种回到家的感觉，让他们感觉到温暖，从而看到店里的任何家具都有一种亲切感，也就顺利地掏腰包来购买了。

(3) 面子最大

除了实用性以外，家具也成了家庭装饰的重要组成部分，尤其是“轻装修重装饰”思想的长期宣传使得越来越多的顾客看重家具在装饰方面的功能。因此，今天的家具已经由顾客的需要转变成了需求，甚至有些高档家具已经转变成了欲望。顾客选择家具已经不再是单单追求其所带来的物质利益，而是求实、求名等多种心理相结合形成顾客消费心理的多样化，所以就顾客的心理而言，家具除了装饰的美观性，面子心理也成了其选购家具的重要考虑因素。

一套得体的家具体现了主人的财富与品位，无形中增加了主人的面子。可对顾客而言面子又是只可意会不可言传的东西，他们会在行动中体现，但一般不会挂在口头上，因此如果导购人员能再加以指引和引导则对成交会起到一定的推波助澜的作用。

(4) 情感突出

家具大多是整个家庭的共用品，沙发是一家人来坐，餐桌椅是一家人来用，衣柜要放一家人的衣服，床也会分单人和双人，即使是电视柜也是放在公共客厅，大家基本都能接触得到。一家人按年龄分男女老少，按外形分高低胖瘦，每个人都有自己的生活习惯和生理特征，不同的人对家具的需求也不一样。

消费者在选择家具的时候不单会考虑自身的需求同时也会考虑其他家庭成员的需要。如选沙发要考虑老人喜欢偏硬、年轻人喜欢偏软，家里有小宝宝则对环保的要求会更高，孩子比较淘气会考虑是否会把家具划伤，家庭成员的多少对餐桌的大小和如何更舒适的围坐就餐有一定要求。多种情感因素集中在一起，消费者往往会在选家具时耗费更多的时间与精力，考虑的因素也会按顺序排列并选择轻重最后做出购买的决定。

消费者选购家具是一个比较长的过程，综合考虑的因素也比较多，其心理往往随着所了解的品牌和产品的增多在不断变化，最终可能是灵光一现某个因素打动了他就很快做出决定，也有可能是在深思熟虑多种因素综合考虑之后做出慎重的决策。

无论是哪种可能，提高成交率的前提都是导购人员牢牢地掌握住顾客的消费心理，观察到一丝丝微妙的变化，并最终促成成交。

【金牌导购战术】

顾客在购买家具时，表现出来的往往是对于家的依赖。顾客所希望的是，通过购买商店的家具，能够让自己的家看起来更加的温馨协调。导购人员就要牢牢抓住顾客的“家”的心理，不论是在语言上还是动作上，都要体现一种温暖，让顾客认可你的温暖，从而达成交易。

5. 超市导购

超市导购人员是超市采购商品的把关人，是商品质量好坏的挑选者，最重要的是直接与顾客进行接触并向其介绍超市商品。要做好一名优秀的超市导购人员，就需要在如下方面不断进步：

（1）准备阶段

导购人员要做好推销前的准备，首先要做好销售产品的检查，将促销台按照标准摆放，同时最重要的是做好心理准备，调整自身的工作状态，在内心给自己一个自我激励，还要设定工作目标，这个目标的设定一定要切合实际，一个符合实际的工作目标能够激发导购人员的工作热情，要进行一些微笑的练习，让自己能够在超市顾客面前展现你最美的状态。

（2）观察

在第一个顾客走进超市时，导购人员就要认真观察顾客，为自己寻找目标顾客。从上到下，由下而上，按照这个顺序观察进店的顾客。主要有以下要点：

◎穿着：从观察顾客的服饰档次，注重顾客穿着的品牌与质地，“以貌取人”，看顾客的穿着是否干净得体考究，以及顾客鞋子的款式和干净程度等。

◎判断顾客的家庭角色：看其是否为单身、已婚、夫妇、母子、家庭主妇、老人等。因为在推销的过程中，要根据不同的顾客类型来向其介绍不同性能的产品，导购人员尤其要将中年妇女作为重点消费目标。

◎要观察顾客购物篮或者购物车内已经选购的商品：通过观察顾客已经选好的商品的价格和数量，就可以初步判断该顾客的购买目标和消费水平，可以为以后的销售方案的设定做好充足的准备。

(3) 拦截

通过观察，为自己找到目标顾客后，就要积极主动地去拦截顾客，留住目标顾客。

◎问候：导购人员在与顾客打招呼进行问候的时候，要根据距离利用适度声音来问候，从而引起顾客的注意。如：“您好，能帮您选购点什么吗？”“您好，您需要选购××产品吗？”要注意避免像“打扰您一下，我能给您介绍一下××产品吗？”等这些带有明显推荐痕迹的话语。

◎站立位置：导购人员要尽量站在顾客右侧45度的位置，并且距离大于一臂，少于1.5米，因为这个位置在生理学上属于便于使顾客防御和缺乏防卫性的心理安全位置。

◎微笑：微笑是一种愉快心情的反映，也是一种礼貌和涵养的表现。一位优秀的导购人员脸上总是带着真诚的微笑，导购人员必须学会分解和淡化烦恼与不快，时时刻刻保持一种轻松的情绪，把欢乐传递给顾客。微笑服务，并不仅仅是一种表情的表示，更重要的是与顾客感情上的沟通。当你向顾客微笑时，要表达的意思是："见到你我很高兴，很愿意为你服务。"

（4）询问

◎向顾客询问是否需要促销产品类的商品，导购人员可以根据顾客的目光以及购物车内的产品来判断该顾客是否喜欢购买一些促销打折的商品，并由此来适度发问。

◎询问顾客的购买目的。不同的顾客逛超市的目的是不同的，导购人员要通过与顾客进行沟通，询问出顾客的购买目的。是送礼还是自己用，还是有什么其他的特殊用途，导购人员最好把问题设置成二选一的形式，以便于顾客回答，并不涉及到顾客的隐私。例如：您是自己用还是送人呢？

◎感知顾客购买注重的要点。导购人员要根据第一感觉和语言技巧，来探知顾客选购注重的要点，顾客所关注的是产品的品牌还是生产日期、价格等。

（5）互动

◎利用类比，阐述产品的特点。导购人员要注意突出区别与以前产品或是同类产品的优点，但切忌不要诋毁同类产品。比如："您用过去屑的洗发水吧，我们现在的产品与以前单纯去屑的洗发水不同，是以调理为主，滋养头皮表层组织，控制油脂均衡分泌，是指不产生头皮屑，从而达到去屑、止屑的效果。"

◎生动展示，量出产品成势。导购人员要将产品最为生动的一面展示给顾客。如："国家免检标志"、"中国名牌标志"等相关权威认证画面和文字。

◎阶段询问，诱导互动。导购人员在向顾客进行介绍的时候，千万要避免"王婆卖瓜"式的滔滔不绝讲述，适时地与顾客进行问答互动，关键信息给予"是否"式回答，就会得到顾客肯定或是否定的回答。例如："皂角，自古就被我国中医认为是治疗皮屑和皮肤斑的良药，你说是吧?”

（6）契机

◎聆听顾客的选购暗语。导购人员要注意顾客在听到一系列相关产品介绍以及活动优惠政策之后，注意观察顾客的面部表情变化和眼神变化，通过顾客的神态和动作、语言来发觉顾客关注的要点和决定购买的契机。

◎适时抛出购买的请求。导购人员要注意听顾客的说话口气，选择出现的顾客购买征兆，抛出请求其购买的要求，从而促成顾客购买行为的发生。

（7）施压

◎利用语言技巧，化解顾客的疑虑。导购人员要学会利用“数量选择式”问题来进行劝导，促成顾客选购决定，并且要避免“是否式”问题造成了顾客的放弃购买。例如：“您看您既然这么了解××产品，那您看您是买一件还是两件呢?”

◎适度施加购买量的压力。对于那些“犹豫型”和“浏览型”顾客，导购人员不能够轻言放弃，通过适度增加其购买压力来达成产品交易。例如：“您看您看了这么长时间，一看就是个行家，您看这么好的产品您是不是觉得必须买一件了，也算帮我一个忙啊。”

（8）延续

◎感谢顾客的选购。导购人员在顾客选购产品后，陪同顾客一段距离，并表示感谢选购产品，希望使用后多提使用意见和建议，同时对导购人员的工作有什么建议和意见，拉近与顾客的关系。

◎制造下次购买机会。导购人员在向顾客进行感谢后可以提出如果顾客使用好或是感觉不错，欢迎下次再次选购本产品。

◎制造扩展购买机会。导购人员可以通过该顾客为自己增加潜在顾客量，希望顾客在使用后感觉不错可以为其宣传，推荐给亲戚好友等。

【金牌导购战术】

虽然为导购人员提供了很多的工作分析，可以让导购人员更好的去理解超市导购人员的工作，但做事要从实际出发，切不可墨守成规，导购人员要活学活用，这样才能取得更好的销售量。

6. 珠宝首饰导购

近年来，随着人们生活水平的逐步提高，珠宝首饰行业迅猛发展，虽然中国的珠宝首饰产业起步较晚，但具有发展面广、速度快、起点高等特点。现在，中国已经成为世界最大的铂金消费国、玉石和翡翠市场以及世界第二大黄金市场，同时还是亚洲最大的钻石市场。

当今的中国珠宝市场越来越成熟，竞争也越来越激烈，对珠宝首饰导购人员的素质、技能的要求也越来越高，导购人员接近顾客、与顾客沟通并与顾客建立良好关系的能力将是决定其销售是否见成效的重要因素之一，而作为一名导购所掌握的知识和销售技巧又是一个重要的决定因素，有效的利用信息并把握销售机会取得成功，有赖于导购人员所必须要具备的心理分析、策略分析、销售技巧和过程运作等能力的充分发挥，缺一不可。

如果想要成为一名成功的珠宝首饰导购人员，应该从以下几个方面着手，来增加自己销量：

（1）销售观念

当导购人员在面对以为有潜力的购买顾客时，都要做到面带笑容、仪表整洁、注意倾听对方的话、推荐商品附加值、寻求顾客最时尚最关心的话题来拉拢顾客。

当然，这中间一定要避免的问题就是，过于热情。如果导购人员对顾客亦步亦趋，顾客到哪里，就跟到哪里，那你一定会使顾客产生厌烦，从而没有看珠宝的兴趣。

（2）了解商品的特点

人们虽然对珠宝首饰有了一定的认识与了解，但毕竟它的普及率还不是很高，很多人在购买的时候还是需要导购人员进行一些讲解与介绍。因此，作为珠宝首饰的导购人员，要了解商品的基本知识来帮助顾客建立购买的信心，从而促进消费。

（3）销售常用语

作为珠宝行业的导购人员，使用规范、专业的销售常用语，不但可以树立品牌形象，还能够建立顾客的购买信心。

◎顾客进店时的招呼用语

包括“您好”，“欢迎观临”，“您需要些什么”，“我能为您做些什么”“对不起，让您久等了”，“请您稍候”，等等。

◎展示商品时的专业用语

“这块玉是天然的A货，这个价位特别合适”“这几款是经典的结婚龙凤双喜配，您可以试试看”，“您的品位真不错，这是本季最流行的款式。您不妨试试看”，“本店有上百种款式，只要您耐心挑选，一定有一款适合您”。

当顾客走时，交易并没有达成，导购人员依旧要把自己的服务做到位。“真遗憾，这次没有您满意的货品，欢迎下次再看”，“这里是一份介绍珠宝知识和珠宝保养的小册子，送给您”。

（4）货品的陈列

吸引顾客走进商店，外部标识很重要，而让顾客消费，内部陈列又显得很关键。因此，作为导购人员，要想让自己柜台的商品看起来更加吸引顾客，就要在商品的陈列上下下功夫了。

◎货品陈列的基本观念。依其货品类别陈列；或者利用它来带动角落的视线。

◎畅销货品。切勿将畅销品摆在门口，应该远离其他货品类别；要陈列在重要的位置。

◎高价位的珠宝要耐心推销。要把它摆在靠近畅销品或醒目的位置；导购人员要能够清楚指出它的用途、特性或品质。

◎滞销货品。依其货品类别排列；不要占有留给畅销品的重要位置；适时调整陈列的位置，以达到一个良好的效果。

◎在陈列的原则中，要尽可能向顾客展现珠宝首饰的美和价值，来增强顾客拥有珠宝首饰的欲望和对珠宝首饰的仰慕。同时，橱窗布置、灯光也是很重要的。

顾客：请问这对戒指多少钱？

导购人员：合计9800元。

顾客：这么贵！前面的珠宝店没有这么贵。

另一位顾客：是啊，我的朋友刚刚买了一对戒指，跟这一对差不多，但价钱相差很远。

导购人员：是，是。这对戒指光芒四射，你没有选错。

顾客：这个，你说得对。但是，价钱是比较贵呀！

导购人员：钻石的价值以4C衡量。重量是最容易分别，但是颜色、净度、车工较难认识。所以两个重量相同的钻石，其3C的差异，其价格就有很多大的分别。

顾客：这个我明白，但是我感觉真的贵了一点点。

导购人员：钻石的迷人之处在于对光所产生的独特效果，所以一颗车工好的钻石发出璀璨的光芒，跟一颗车工差的钻石所发出的光芒相差很远。黄先生很聪明，懂得去选择这对光芒四射、象征爱情的热烈的钻石作为结婚纪念物。我看你一定不会将就买货的，选一些光彩较差的钻石。

顾客：当然了，能便宜点吗？

导购人员：我们公司有销售规定，如果你这么喜欢，让我向经理请示好吗？再给你额外的9.5折，好吗？

顾客：那好吧，买来让妻子好好高兴也值了。

珠宝首饰的消费一般来说还是比较奢侈的，顾客还是会比较在意它的价格，尤其是对于那些刚刚要结婚的小夫妻，总是希望能够再便宜一点。当遇到这种情况时，导购人员应该掌握用什么样的语气，使得既不伤害顾客的面子，又能够让他们觉得物有所值。

【金牌导购战术】

优质的服务是顾客满意的重要来源，珠宝首饰导购人员对优质服务的追求应当遵循“没有最好，只有更好”这样的永无止境。运用巧妙地沟通，了解顾客的需求，再有针对性的介绍一些产品，进而促进交易的达成。

7. 私家车导购

汽车销售是一个复杂的过程，需要经历许多阶段，同时，汽车销售也是个性化、独特化、系统化的成功互动过程。因此，在销售中一个重要的任务便是提升潜在客户对本品牌的热情并通过提问将这种热情传递给特定的潜在客户和特定的车辆。

每一位导购人员都需要创造一个友好的气氛，努力去一步步了解你的潜在客户，让你的信心和热情不断地激励他们。

（1）初次接触

◎主动出击

主动拜访客户是赢得潜在客户并赢得更多业务的重要途径，为了争取到更多的潜在客户，不能只停留在展厅内，而应更多地进行外部努力。

当与潜在客户进行这种主动出击式销售时，很重要的一点是销售顾问必须明确分工负责区域，以保证潜在客户不同时与多个销售顾问接触。

为确保拜访成功，以目标地址为基础做出精心的谈话内容准备是必要的。在会谈过程中，销售顾问的行为风格和销售会谈的方式必须符合销售流程的规定。这样做的目的是激发潜在客户对试乘试驾或访问展厅的兴趣，以增加他们对本品牌的信心。

◎电话接触

当有潜在客户的来电问询，必须要以经销商热情、友好、专业权威的服务来征服来电话者。这是将潜在客户变为现实客户决定性的第一步。销售顾问要充分利用此机会，通过积极的交谈与潜在客户进行接触。此时最重要的是要传递这样的一个信息，即销售顾问非常愿意与他交流，并对他的愿望和需求真正感兴趣。在最初的几秒钟、几分钟内就要表现出销售能力和经验。

◎电话营销

有目标的电话营销——通过经销商的工作人员或外部服务人员是一种省时省钱的与潜在客户初次接触的方法。系统化地确定接触目标群组直至实施电话交谈过程，能够确保电话接触最大化的成功率。打电话的工作人员所具有的友好态度和能力当然是重要的前提。通过有目的性的营销活动（例如新车型投放）获得潜在客户资料是一种很有益的投资。

◎在展厅与潜在客户接触

潜在客户在访问经销商展厅时，希望得到自己所期望的信息以作为一次富有成果的到访。要针对潜在客户的个人行为习惯，创造积极的气氛并取得他们的信任。不是每一位潜在客户都愿意在第一次访问时就有销售顾问陪同。因此从问候到可能的进一步约见的安排，要考虑到两种可能性。

（2）确立潜在客户的个性化需求

要做到成功销售和令潜在客户满意，对他们的需求进行可靠评估是关键。以此为基础，可确定主要的购买动机，包括理性和感性的购买原因。另外对于那些知识层次较高并且已经通过互联网了解了车辆及装备的潜在客户，调查研究其疑虑是必要的。在会谈的过程中，应该对车辆配置进行准确而详细的分析，然后向其指出二手车、融资服务和租赁的问题。

（3）新车展示

销售顾问要抓住机会，唤起潜在客户对本品牌的热情、对产品质量的信任、对颇具竞争力的特性和高质量的装备的兴趣以及对新车的期待和对销售顾问及经销商的好感。严格按照销售流程标准去做。

被展示的车辆要最大程度地满足潜在客户的需求，任何不同之处都要进行解释；在展示中要突出强调潜在客户的利益；要使潜在客户积极参与，鼓励潜在客户提问，销售顾问要详细地讲解各种功能，必要时讲解各种车型及可选装备，并突出强调潜在客户的个性化利益。

（4）试乘试驾

试乘试驾是许多潜在客户最终被本品牌所征服的关键性体验，尤其是争取其他品牌客户成为我们的客户。因为那是亲身的经历，是与竞争对手进行比较的最好论据。因此，应该主动提供试乘试驾，而且要尽可能提供与潜在客户所期望的目标车型的性能和装备相符的试驾车辆。

（5）提案成交

◎提案

在即将完成购车合同的时刻，具体而准确的购车方案是最终成功的保证。此时最为重要的是让潜在客户感受到他的愿望能被理解，并且证明销售顾问值得其信赖和其对该汽车品牌的信心是正确的。

◎融资服务方案

目前，大多数的新车客户期望从经销商那里得到一个集车辆价格和融资服务于一体的购车方案。特殊的融资服务和租赁服务的优势，可以提高销售成功率并建立起潜在客户对经销商的长久忠诚度。

◎成交

交给潜在客户书面购车方案，其中清楚地列出所有条件、条款、服务及价格，给潜在客户讲解所有的细节内容，强调潜在客户的个性化利益，用经销商能给潜在客户带来的利益来应对降价要求。

（6）现实客户的跟踪

现实客户购买新车的第一天是特别敏感的，他想证明他的购买决定是正确的，而且当经销商对他表示关心时，他会很高兴。此时销售顾问的重要责任是弄清客户哪怕最细微的不满之处，并且应利用各种机会让客户不断感受到销售顾问的关心，这样有可能利用客户的人际关系，创造更多的销售机会。

（7）潜在客户的跟踪

不是每一次与新的潜在客户联系都会有结果，但也没有理由就此中断联系，而应是与之相反，为进一步的接触打下基础，建立起潜在客户与品牌、经销商的一定联系。只有了解到潜在客户可能的异议和购买可能性后，才能快速反应并提出新的购车方案。因为其实他们通常等待着你与他们再次接触，对他们而言，这意味着你对他们的重视。

【金牌导购战术】

今天，人们对于私家车的要求越来越高，这在给私家车导购人员提供了更多机会的同时也提出了更高的要求。顾客一般都是对私家车有一定需求的，但交易并不总是急于一时，因此就要求导购人员提升潜在客户对本品牌的热情并通过提问将这种热情传递给特定的潜在客户和特定的车辆，从而为日后的交易打好基础。